国家自然科学基金面上资助项目(71573037)
江苏省高校优势学科建设工程资助项目

中国高铁承包商的国际化程度与进入模式

林艺馨 著

东南大学出版社
SOUTHEAST UNIVERSITY PRESS
·南京·

内 容 提 要

本书基于国际化理论以及双元组织行为的视角，探讨中国高铁承包商的探索行为和开发行为对企业国际化程度的影响，以及高铁承包商对于国际市场、进入模式的选择影响因素，并进行实证分析。主要内容包括：(1) 中国高铁承包商国际化程度实证分析；(2) 中国高铁承包商市场选择实证分析；(3) 中国高铁承包商进入模式实证分析；(4) 中交集团和回天新材的国际化程度案例分析；(5) 中土集团的市场选择和进入模式案例分析。通过回归实证分析、个案研究等方式，对国际化程度、市场选择和进入模式进行了相关研究，为我国高铁承包商开拓国际高铁市场提供科学的理论，研究结果对我国高铁承包商开拓海外市场具有实践意义。本书可供高铁建设产业链的相关施工单位的技术、管理人员，以及高校学生参考使用。

图书在版编目(CIP)数据

中国高铁承包商的国际化程度与进入模式/林艺馨著.
—南京：东南大学出版社，2018.2
ISBN 978-7-5641-7647-1

Ⅰ.①中… Ⅱ.①林… Ⅲ.①高速铁路-铁路企业-企业管理-国际化-研究-中国 Ⅳ.①F532.6

中国版本图书馆 CIP 数据核字(2018)第 032016 号

中国高铁承包商的国际化程度与进入模式

著　　者 林艺馨

出版发行 东南大学出版社
社　　址 南京市四牌楼 2 号　邮编:210096
出 版 人 江建中
责任编辑 丁　丁
编辑邮箱 d.d.00@163.com
网　　址 http://www.seupress.com
电子邮箱 press@seupress.com
经　　销 全国各地新华书店
印　　刷 江苏凤凰数码印务有限公司
版　　次 2018 年 2 月第 1 版
印　　次 2018 年 2 月第 1 次印刷
开　　本 787 mm×1 092 mm　1/16
印　　张 7.75
字　　数 111 千
书　　号 ISBN 978-7-5641-7647-1
定　　价 38.00 元

本社图书若有印装质量问题，请直接与营销部联系。电话(传真)：025-83791830

前　言

随着我国"一带一路"倡议的提出，我国高铁承包商在国际市场中逐渐崭露头角，取得了一些成绩，但中国高铁承包商在发展国际化的道路上磕磕绊绊，其中的原因很值得思考。以往国内对于国际化程度的研究主要针对的是制造业、零售业等，而且以品牌国际化为主要研究对象，尚未应用于高铁行业。本书结合前人研究的重点以及工程承包企业的特点，以中国高铁建设产业链相关承包商为研究对象，对高铁承包商国际化程度的内涵作一界定，对中国高铁承包商的双元组织能力进行量化，并探讨其对国际化程度的影响。同时，本书结合工程行业的特点，将进入模式划分为合同模式和投资模式，并从属地化、风险水平、控制力度、资源承诺水平进行了阐述。通过回归分析的方式同时对市场选择和进入模式进行了相关研究，将企业国际化的研究从传统制造业扩充到工程建设行业，丰富了国际化研究的内涵和内容。与此同时，本书以中国交建、回天新材、中国土木工程集团公司为案例，揭示了国际化程度与进入模式的类型，为我国高铁承包商提出了国际化策略。本书的主要研究内容和成果如下：

（1）国际化程度：本书运用了企业国际化和双元组织理论，探讨企业探索行为和开发行为对企业国际化程度的影响。实证回归分析得出：中国高铁承包商加强探索行为有助于国际化程度的提高，假设 1 得到验证；中国高铁承包商越注重开发行为，国际化程度就越低，假设 2 得到验证。最后通过案例分析再次验证假说模型，指出中国高铁相关建设企业作为中国高铁"走出去"战略的主要牵头企业，更应该加强探索行为，增强自身的国际竞争力，坚定不移地跟随国家"走出去"战略。而对于一些较小的高铁建设相关承包商，应该加强开发行为，以获得更多的资源和经验，为将来"走出去"做好准备。

（2）市场选择：对于中国高铁承包商而言，目标国与中国的地理距离和该国被选择的概率成反比，假设 3 获得支持；文化距离与市场选择显著负相关，假设 4 得到验证；制度距离与目标国选择概率显著负相关，假设 5 得到验证；贸易联系与目标国选择概率显著正相关，假设 6 得到验证。

（3）进入模式：首先提出了适合工程行业的进入模式分类，包括投资模式和合同模式。对于中国高铁承包商而言，从统计样本数据来看，多数承包商采用了投资模式进入国际市场。企业国际化程度与投资模式的选择正相关,假设 7 获得支持;文化距离与投资模式的选择负相关,同假设 8 一致;贸易联系与投资模式的选择正相关,假设 10 得到验证;制度距离在回归中并不显著,因此假设 9 并未得到验证。

(4) 个案研究:对于国际化程度的个案研究,回天新材案例与假设 1 和假设 2 完全一致;而在中国交建的案例中,假设 1 在这得到了验证,而假设 2 并没有在中国交建的案例中得到验证。市场选择以及进入模式的个案研究选择中国土木工程集团,通过对比分析中国土木工程集团的案例和全样本数据,本书结果支持假设 3、假设 4、假设 5、假设 7、假设 10 的结论。

本书主要贡献:① 建立并验证中国高铁行业在双元组织视角下的国际化程度的理论模型;② 对工程行业进入模式进行了划分,并提出属地化水平是进入模式的内涵之一;③ 以中国高铁承包商为研究对象,实证分析了不同因素对其市场选择和进入模式的影响,丰富了国际化理论,并为承包商提供决策支持。

目　录

第一章　绪　论

1.1　研究背景

2004年是我国高铁开始起步的阶段，当年国务院通过了《中长期铁路网规划》和《研究铁路机车车辆装备有关问题的会议纪要》，根据该规划将建设“四纵四横”的快速铁路客运通道，以及三个城际快速客运系统。2014年和2015年我国分别建成了营运里程为5 353公里、3 534公里的高速铁路，而随着2015年11月19日海南环岛高铁线的贯通，我国高铁运营里程高达1.9万公里，位居世界第一位。截至目前，我国是世界上高铁在建规模最大、高铁时速最快、集成能力最强、运营里程最长、高铁系统技术最全的国家。

国际高铁市场具有广阔的市场前景，许多国家都制定了本国的高速铁路发展计划。美国、巴西、伊朗、印度、俄罗斯、英国等国家都有意发展建设高铁，见表1-1（杨振华、曹光四，2015）。由此可见，我国高铁承包商充满机遇。随着经济全球化速度的加快，各国对高铁的建设需求都很大，根据国际铁路联盟（International Union of Railways，UIC）公布的数据，2024年全球高速铁路营运可达约42 000公里，约为2010年14 100公里的3倍，从2004年开始全世界进入了高速铁路建设的持续高速发展时期。我国高铁承包商自身具有四大优势：一是具有先进完善的技术水平；二是具有丰富的运营管理经验；三是具有显著的成本优势；四是承包商施工能力强。李克强总理被誉为中国高铁的“超级推销员”，其在多个场合赞赏我国的高铁，推荐其他国家采用中国的高铁技术。据《中国经济周刊》报道，2014年李克强总理共向12个国家（包含美国、英国、尼日利亚、埃塞俄比亚、肯尼亚、津巴布韦、俄罗斯、缅甸、泰国、哈萨克斯坦、塞尔维亚、安哥拉）发出了合作建设高铁的意愿。随着我国“一带一路”倡议的提出，中国承包商可以广泛地参与到该建设计划中，重点包括欧亚铁路建设、中亚铁路建设和泛亚铁路建设。

表 1-1 海外主要国家和地区的高铁发展规划

国家与地区	时间(年)	金额(美元)	里程(公里)	规划内容
美国	2011—2018	530 亿	—	建设 6 条高铁
美国	2017—2030	—	2.7 万	先进高铁网络
巴西	2018—2020	165 亿	510	圣保罗—里约热内卢高铁
英国	2017—2026	510 亿	539	HS2 高铁项目
伊朗	2011—2030	130 亿	—	库姆—伊斯法罕项目
印度	2010—2020	540 亿	1 754	德里钦奈高铁走廊
阿盟	2011—2031	—	3.3 万	18 条线路,连接 21 国
东盟	2015—2030	—	—	泛亚、新马、泰国项目
欧洲大陆八国	2011—2020	2 000 亿	9 000	法国高铁项目;波兰高铁;瑞典高铁;俄罗斯高铁

在政府层面大力的支持和推介下,我国高铁承包商开始在国际高铁市场中崭露头角。我国承包商先后承建了委内瑞拉高铁项目、土耳其高铁项目、沙特轻轨项目、印度尼西亚高铁项目。土耳其高铁项目是我国高铁的首次出海,标志着我国的高铁获得了进入欧洲的“通行证”。2009 年中国中铁与委内瑞拉签署了价值 75 亿美元的铁路合同,该项目全长 468 公里,设计时速为 220 公里/时。中国和委内瑞拉将联合建设南美第一家铁路工厂和车厢制造厂,100 名委内瑞拉工程师将奔赴中国学习,这将为委内瑞拉提供 7 500 个工作机会;设立的合资企业包含钢轨焊接厂、轨枕生产厂、火车车辆组装厂和道岔组装厂,中方进行技术转让。2015 年 7 月,中国铁建在马来西亚投资 9 700 万元设立了铁路车辆制造厂。

虽然我国高铁承包商在国际市场充满了机遇,但是在开拓国际市场的过程中也遇到了不少波折,例如在泰国和墨西哥高铁项目中出现了反复和困难。2013 年 10 月 11 日,中泰在曼谷发表《中泰关系发展远景规划》,中方有意参与廊开至帕栖高速铁路系统项目建设,并以泰国农产品抵偿部分项目费用,这一合作方式被称为“大米换高铁”计划。2014 年 3 月,英拉下台后,泰国宪法法院判决国会通过的基建项目违宪,高铁计划被叫停。2014 年 12 月 19 日,李克强总理和泰国总理巴育见证了《中泰铁路合作谅解备忘录》和《中泰农产品贸易合作谅解备忘录》的签署,中泰“大米换高铁”计划才终于敲定。2014 年 11 月 3 日,墨西哥通信与交通部宣布,中国铁建牵头的中国财团作为唯一投标方,中标墨西哥高铁建设工程项目;中国南车也参与该项目,为其提供 12 列高速动车组。然而仅仅过了四天,第一个中国高铁集体出海的订单突然遭遇变数。据法新社报道,墨西哥突然取消与中国公司签订的价值44亿美元的高铁合同。墨西哥通信与交通部长赫拉尔多·鲁伊斯·埃斯帕萨在墨西哥当地电视台 Televisa 上称，墨西哥总统恩里克·培尼亚·涅托于11月6日撤销了墨西哥高铁的投标结果，并决定重启投标程序。2015年1月23日，墨西哥政府宣布进行新一轮招标，新一轮的招标结果计划在7月31日公布，但在一周之后宣布将“无限期”搁置这一项目。

中国高铁的建设能力经过数年发展，成绩有目共睹，但中国高铁承包商在发展国际化的道路上磕磕绊绊，其中的原因很值得思考。

1.2　研究目标和意义

1.2.1　研究目标

目前，中国高铁承包商的主要发展精力还是在国内高铁市场，缺乏长远的国际化策略规划和“走出去”拓展市场的野心。很多承包商甚至表示，国际高铁建设只是“面子”问题，国内的高铁建设市场都做不完，没有精力发展国际市场。显然，这种观点是不利于企业和行业发展的。随着中国政府对国内高铁建设的持续高投入，必将吸引更多的企业加入到国内高铁建设中来，国内竞争势必会越来越激烈，国际化路线或许会为企业长远发展提供更多价值。另一方面，成功的国际高铁建设经验，也将大大提高承包商在国内高铁建设领域的声誉，丰富的国际经验和国际认可也将从侧面助力于企业在国内的竞争。

以往国内关于企业国际化程度的研究主要以零售业、制造业或金融货币行业为背景，本书创新性地以高铁行业为研究背景，研究中国高铁承包商国际化程度策略。这既是对高铁领域研究内容的一个重要补充，又丰富了国际化理论在实践中的应用。此外，本研究也将为我国高铁承包商开拓国际高铁市场，提供科学的、具备可操作性的国际化程度策略分析和战略支持。

如何推动中国高铁承包商走上国际化道路，是一个复杂的问题。对国际化的研究将有助于为中国高铁承包商拓展国际市场时提供建议和策略。本书希望通过对中国高铁承包商国际化程度策略的研究完成以下目标：识别影响中国高铁承包商国际化程度的关键因素；构建中国高铁承包商的国际化程度策略模型；通过实证验证模型的有效性。

中国高铁承包商在实施国际化战略时，需要进行目标市场和进入模式的决策。企业在进行国际化战略规划时，市场选择和进入模式居于核心地位，而错误的选择会给企业带来深远的不利影响。企业需要明确选择哪个国际市场，采用哪一种进入模式以更好地进入该国。而当前西方学者对国际化的研究无法解释中国企业的国际化现象，也就无法指导中国企业进入海外市场的模式选择。更重要的是，当前对进入模式的研究主要适用于传统制造业，而工程行业的进入模式又有着和制造业不同的显著特点。

因此，本书主要解决三个方面的问题：一是中国高铁承包商国际化程度策略实证分析；二是构建市场选择模型，提出相关待检验的假设命题，并通过实证分析探讨多因素对我国高铁承包商市场选择的影响；三是构建进入模式选择模型，提出相关待检验的假设命题，并通过实证分析方法探讨多因素对进入模式的影响。通过解决上述三个问题，旨在我国"一带一路"倡议下，为高铁承包商提供有针对性的智力支持和策略分析。

1.2.2 研究意义

我国高铁技术的发展代表着我国科研水平和综合国力的显著提升，高铁成功"出口"将极大程度带动我国经济的发展。中国作为世界高铁技术大国的后起之秀，同时作为世界上最大的发展中国家和社会主义国家，同其他国家有着不同的文化底蕴、经济制度、经济发展水平。通过本书的探讨，可为我国高铁承包商实施国际化战略提供一定的决策支持。

从理论上来说，本书提出了工程行业国际化程度、市场选择的研究方式和进入模式的分类方法，实证分析了我国高铁承包商的国际化程度、市场选择和进入模式选择问题，丰富了国际化理论的相关研究，为我国高铁承包商成功开拓国际市场提供了理论上的支持。

从实践上来说，本书为中国高铁承包商提出了国际化程度的策略，以及就如何选择市场和进入模式提供了一定支持，并为推动我国高铁"走出去"提出了适当的建议。

1.3 国内外研究现状

1.3.1 国际化理论

国际上当前并没有统一的对国际化的定义，国内外很多学者从各自的角度对国际化进行了论述。例如：

(1) Shapiro(1978)认为一家企业只要在一个以上的国家从事产品制造或是销售活动即可称为国际化。将自身企业推向国际化道路的原因很多,比如技术垄断、规模经济、商标及产品差异等,这些都可能是跨国公司海外直接投资的前提条件。并且,企业通过出口或许可证贸易的方式并不能获得知识资产的全部收益,此时跨国公司就倾向于以海外直接投资的方式来利用其独特的垄断优势。

(2) Phatak(1992)的看法与夏皮罗(Shapiro)相似,他认为任何商业活动只要涉及两个以上国家就可称为国际化,且这个国际化的定义不会因为这个商业活动来自于公营或私营企业而不同。他进一步指出产品尤其是知识产品市场的不完全,企业就会利用国际化的方式将其所拥有的特殊优势资本化和跨国化。由于跨国公司通过对外直接投资,建立海外子公司,以企业内部市场取代外部市场,从而使得资源和产品在企业内部得到合理的配置和充分的利用。

(3) Hitt,Hoskisson & Kim(1997)基于战略管理的视角,认为企业的国际化是企业运营市场国际化的结果,也就是说企业将销售、制造、研发等活动推进到不同的国界,即称为国际化,这是与产品多样化并列的一种多样化战略。他们与前两个学者一样都是以企业的生产经营活动为切入点,指出国际化的定义。

(4) Reeb,Kwok & Young(1998)则是以企业组织结构为切入点,指出企业于母国以外的国家或地区设立分、子公司,并且股东既包含国内成员又包含国外成员,这样的行为也可称为国际化。

(5) Annavarjula & Beldona(2000)针对国际化以往的不同研究视角进行总结,将国际化形式分为三大类:第一类,企业向国外投入资源,进行生产、销售等活动,即经营活动;第二类,企业拥有母国以外国家或地区的资产,如土地、设备、股权;第三类,企业管理层或企业经营策略是否具有国际化的视野。Yang & Wu(2015)则认为国际化应包含运作模式、产品偏好和扩展策略,等等。

(6) Giulio & Moro(2016)认为企业国际化是一种企业战略,当企业想要扩展国际市场时,国际化即构成了该企业的主要战略,他不同于以往的关于国际化实际行为作出的定义,从战略的角度指出了更广泛的国际化定义。

表 1-2　国际化研究成果

学者/年份	观　点
Shapiro (1978)	一家企业只要在一个以上的国家从事产品制造或是销售活动即可称为国际化
Phatak (1992)	任何商业活动只要涉及两个以上国家就可称为国际化

续 表

学者/年份	观　点
Hitt, Hoskisson & Kim(1997)	企业将销售、制造、研发等活动推进到不同的国界,即称为国际化
Reeb, Kwok & Young(1998)	于母国以外的国家或地区设立分、子公司,并且股东既包含国内成员又包含国外成员
Annavarjula & Beldona(2000)	针对国际化以往的不同研究视角进行总结,将国际化分为三类:① 向国外投入资源;② 拥有母国以外国家或地区的资产;③ 经营策略有国际化视野
Yang and Wu (2015)	国际化应包含运作模式、产品偏好和扩展策略等
Giulio & Moro(2016)	企业国际化是一种企业战略

综上所述,绝大部分学者对于国际化的定义虽不尽相同(表 1-2),然而都是企业于母国以外的国家或地区从事生产经营活动。因此本研究对于国际化的定义为,企业于本国之外的其他国家或地区有任何生产经营活动,即可视为国际化。鉴于本书主要研究中国高铁承包商"走出去"的国际化程度策略,中国高铁承包商包含众多企业,有负责工程建设的土建承包商和轨道铺设的相关承包商,还有成套设备出口的车辆等承包商以及运营维护的相关承包商。这些承包商参与到高铁建设中的角色不同,其国际化的形式也是不一样的。故本研究国际化所包含的范围包括制造产品、销售活动、承揽项目、设立分/子公司、并购、国际化战略等各种模式。

1.3.2　市场选择

市场选择,即研究进入哪个国家的问题,不少学者认为市场选择是一个决策的过程。Kumar et al(1994)认为市场选择是一个渐进的过程,需要经过甄别(screening)、识别(identification)和选择(selection)三个阶段。在甄别阶段要注意宏观指标,包括政治稳定、社会文化因素、地理距离等;在识别阶段要关注行业层面的因素,比如市场因素、竞争情况等;最后的选择阶段是公司层面因素,即利润、产品对当前市场组合的适应性等。Rahman(2003)提出了两阶段法评价法来选择目标市场,在第一阶段用市场规模吸引力(market size attractiveness)评价,这一阶段主要关注经济因素和一些企业因素;在第二阶段用结构吸引力(market's structural attractiveness)衡量,这一阶段主要注意成本、结构兼容性、政府政策等因素。Minifie & West(1998)则认为做出市场选择的决策需要四个步骤:① 决策者根据偏好选择要进入的国家;② 是否满足政治稳定;③ 政府对商业参与度的大小,即是服务型政府还是控制商业型政府;④ 看该国的文化相似性。张文敏(2013)利用层次分析法(AHP)结合目标国市场的客观吸引力、目标国市场相对竞争力和中国国内政策支持程度来确定最优进入国。

学者针对多行业的市场选择进行了研究。王亚琴(2006)认为目标市场选择要受企业国际化战略目标、自身竞争优势、目标国投资环境、目标国需求潜力、贸易壁垒(包括关税壁垒、非关税壁垒和地理距离)、其他因素(包括空间距离、文化和历史联系、政治关系、民族异同等)的影响。陈宇等(2012)通过实证分析的方式讨论了文化距离、地理距离、目标国 GDP、经济环境等因素对中国影视贸易类的影响。Gripsrud & Benito(2005)、汪旭晖(2007)在探讨零售企业的市场选择问题时,通过实证发现文化距离、人均 GNP 和地理距离有显著的影响作用。中国出版集团在市场选择时,目标市场被选择的概率与地理距离显著负相关,与文化距离、GDP 显著正相关(陈德金,2011)。

关于工程行业的市场选择研究总结如下:佘承萱(2010)按文化距离、目标国经济发展水平两个维度来划分国际市场,并探讨了承包商的国外经验、人力资源整体素质、技术创新能力、企业规模对目标国选择的影响。在全球贸易扩张中,文化距离(culture distance)、行政距离(administrative distance)、地理距离(geographical distance)、经济距离(economic distance)仍然起作用(Ghemawat, 2001)。范宇峰(2013)为了探究中国资源型央企在市场选择中的表现,利用 CAGE 距离(上述四种距离的简称),使用聚类分析把国际市场分为浅水湾市场、绿洲市场、沼泽市场、深海市场。

1.3.3 进入模式

进入模式指企业在国际化中,采用什么样的组织形式来进行再生产,涉及人力资源、资金、技术等投入因素。关于进入模式的研究主要分为两类,第一类包括进入模式的具体种类是什么;第二类研究则探讨不同类型的企业在选择进入模式时受到了什么因素的影响。

Kogut & Singh(1988)在研究外国公司进入美国市场所采用的进入模式时,把进入模式分为并购(acquisition)、绿地(greenfield)、合资(joint venture)。Agarwal & Ramaswami(1992)认为企业的进入模式包括出口(export)、许可经营(licensing)、独资企业(soleventure)与合资企业。战略联盟在建筑企业的未来发展中扮演着重要的角色,战略联盟可以提供自身不具备的竞争优势(Badger & Mulligan, 1995)。Brouthers & Brouthers(2001)把进入模式主要分为合资和独资。

Chen & Messner(2009)通过分析94个国际市场的进入模式现状，提出国际工程市场的进入模式可以分为10种：战略联盟、建设—运营—移交(BOT)、合资项目、独资项目、办事处、许可经营、当地代理、合资企业、独资企业、分公司。Chen & Messner(2011)进一步将进入模式划分为移动进入(mobile entry)和永久进入(permanent entry)，并提出承包商传统上倾向于使用移动进入，但现在更多使用永久进入。

Agarwal & Ramaswami(1992)利用制度理论，把影响因素划分为所有权优势、区位优势、内部化优势三个范畴。Brouthers & Brouthers(2001)利用国家之间的文化距离因素实证分析了企业在合资和独资的选择。陈德金(2011)提出了进入模式AHP决策模型，该模型考虑了企业战略因素、跨文化风险指标和经济效能指标。

Koch(2001)通过文献综述推理得出市场选择和进入模式二者都受到内部和外部因素的影响，同属一个决策过程，这一决策过程包含国家识别、初步筛选、详细甄别、最后决策四个过程。

1.3.4 研究现状评析

虽然国内外一些学者对于国际化、市场选择以及进入模式进行了广泛而深入的研究，但对于国际工程项目所讨论的国际化程度与进入模式，缺乏足够的理论和模型支持，在应用上也缺乏可操作性。具体而言，其不足之处体现在以下几个方面：

(1) 通过对国内外学者关于国际化研究的比较，发现国际化程度、市场选择和进入模式的研究，主要针对的是制造业、零售业等，而且以品牌国际化为主要研究对象。后来的学者尝试将国际化应用于各个行业，用于帮助企业制定国际化策略，并且提出了各种方法进行尝试，但目前还没有应用于高铁行业的。

(2) 对进入模式的分类并不完善，学者也没形成统一并有说服力的具体分类，在这种情况下，工程行业进入模式的分类更是莫衷一是。

(3) 多数学者只是分别探讨了零售行业和制造行业的市场选择问题(Alexander et al, 2011; Sakarya et al, 2007; Gripsrud & Benito, 2005;汪旭辉，2007;陈宇等，2012)和进入模式(Chen & Messner, 2011; Chen & Messner, 2009; Chen, 2005; Lin, 2000; Badger & Mulligan, 1995; Agarwal & Ramaswami, 1992;贾季萍，2010;唐一中，2008;张旭海，2007)，较少学者(Koch, 2001;范宇峰，2013;余承萱，2010)把市场选择和进入模式放在一起进行了深入研究。Koch(2001)通过理论推演的方式提出市场选择和进入模式是同一个决策过程，而范宇峰(2013)和余承萱(2010)只是分别用CAGE距离(四个因素)和文化距离、经济水平两个因素来划分国际市场，并通过实证探讨多因素对企业进入划分后的国际目标市场所采用的进入模式的影响。

1.4 研究主要内容、方法和技术路线

1.4.1 研究主要内容

本文共分为八章,各章的主要内容具体如下:

第一章为绪论,主要介绍了本书的背景、研究目标及意义,通过文献综述总结了当前国际化战略中的国际化程度、市场选择和进入模式的研究现状。

第二章介绍我国高铁发展现状,包括我国高铁的发展历程、技术引进,国际高铁市场的特点和我国高铁承包商在国际市场的表现。

第三章主要梳理了国际化理论、双元组织理论、市场选择和进入模式选择的文献资料。

第四章阐述双元组织理论如何影响企业管理行为,并提出双元组织视角下的企业组织行为描述方式,以及探索行为、开发行为对中国高铁承包商国际化的影响,进一步提出研究假设,构建模型及多元线性回归方程。

第五章探讨地理距离、文化距离、制度距离和贸易联系对中国高铁承包商的市场选择的影响,进一步提出相关假设,构建模型及多元线性回归方程。

第六章阐述国际化程度、文化距离、制度距离和贸易联系对中国高铁承包商进入模式选择的影响,并提出假设,构建模型及二项逻辑回归方程。

第七章是典型案例分析部分,以中国交通建设股份有限公司(以下简称中国交建)、回天新材为例,对比这两家公司在国际化战略中的国际化程度;另外以中国土木工程集团(以下简称中土集团)为对象,探讨该公司在市场选择、进入模式国际化战略中的国际化程度市场选择和进入模式情况。

第八章为总结与展望。

1.4.2 研究方法

本书采用多元线性回归实证分析了市场选择问题,并利用二项逻辑回归实证检验了进入模式的相关假设,最后选择中土集团作为案例分析对象,进一步解释和验证本书回归结果的有效性。

1. 多元线性回归(Multiple Linear Regression)

通过文献综述构建了目标市场选择模型和相关假设,讨论了地理距离、文化距离、制度距离和贸易联系对市场选择的影响。利用锐思数据库及各企业披露的财务年报,收集各企业 2010—2014 年相关数据,以及 ENR2011—2015 年报告和网络

资料，利用计量软件 SPSS20.0 对中国高铁承包商的市场选择做了多元线性回归分析，验证了假设情况。

2. 二项逻辑回归(Binary Logistic Regression)

通过文献综述构建了进入模式模型和相关假设，讨论了国际化程度、文化距离、制度距离和贸易联系对进入模式选择的影响。搜集了 ENR2011—2015 年报告和公司官网等网络资料，利用计量软件 SPSS20.0 对中国高铁承包商的进入模式选择做了多元线性回归分析，验证了假设情况。

3. 案例分析

选择中国交建、回天新材、中土集团作为案例分析对象，通过对比分析这些公司在国际化程度市场选择、进入模式选择中的数据和全样本的数据，有力地验证了回归结果的合理性和正确性。

1.4.3 技术路线

本书采用该技术路线图(图 1-1)和研究方法来实现本书的研究目标。第一

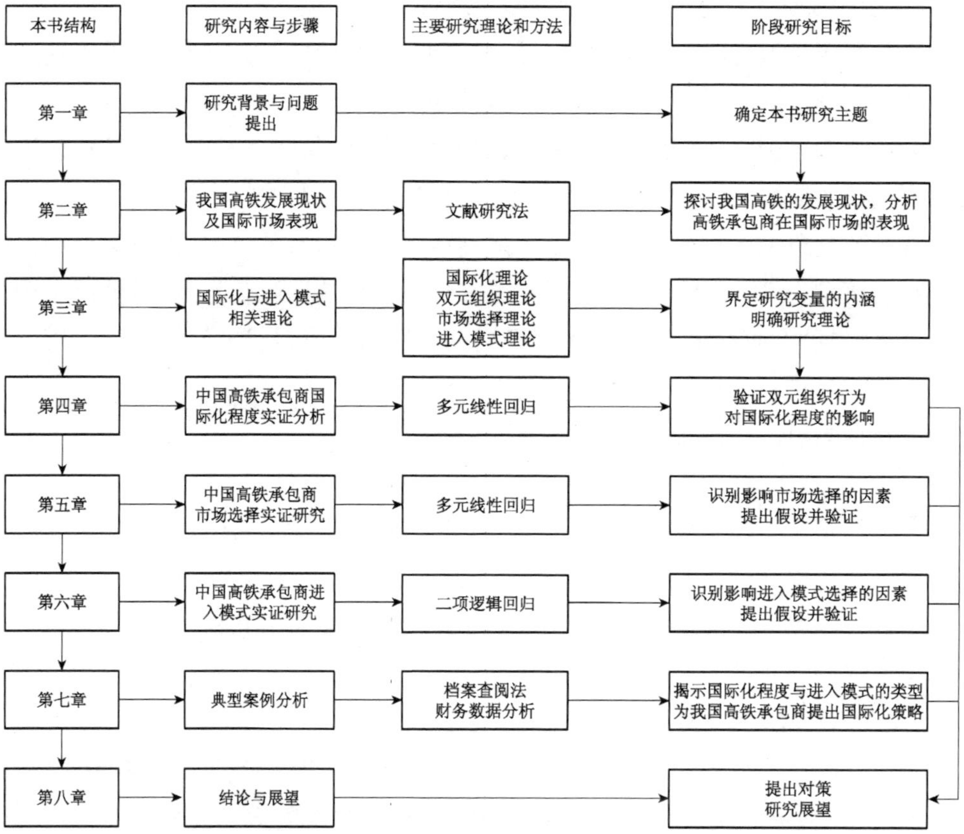

图 1-1 技术路线图

步，根据研究背景提出研究目标。第二步，介绍我国高铁发展现状，包括我国高铁发展历程、技术引进，国际高铁市场的特点和我国高铁承包商在国际市场的表现。第三步，通过文献研究来完成关于国际化、市场选择和进入模式的理论部分。第四步，对中国高铁承包商国际化程度进行实证分析。第五步，根据文献理论部分提出市场选择假设，并利用多元线性回归验证假设涉及的因素对因变量的影响。第六步，根据文献理论提出进入模式假设，利用二项逻辑回归验证假设涉及的因素对因变量的影响。第七部分以中国交建、回天新材、中国土木工程集团为案例研究对象，完成典型案例分析。第八部分为本书结论和展望。

第二章 我国高铁发展现状及国际市场表现

我国高铁技术经过引进消化吸收，再集成创新，已经取得了极大的发展，成为“中国名片”，是国家领导人的重点推销对象，我国高铁承包商开始在国际市场上崭露头角。本章主要分析我国高铁的发展现状及承包商在国际市场上的表现。

2.1 我国高铁发展历程

2.1.1 高铁技术引进

2004年是我国高铁发展的起步年。2004年1月，国务院常务会议通过了《中长期铁路网规划》，该份文件规划了我国铁路建设的宏伟蓝图，加速了京津城际铁路的开通运营，开辟了我国高速铁路的新纪元。根据该规划，我国将建设“四纵四横”的快速铁路客运通道和三个城际快速客运系统，加速了高铁在我国的发展。

通过两次招标，我国正式引进国外的先进高铁技术。当时全球领先的高铁技术代表者主要有德国西门子、法国阿尔斯通、加拿大庞巴迪、日本新干线技术，如何快速引进消化先进高铁技术，是我国高铁快速发展的关键。

2004年6月17日，受原铁道部的委托，中技国际招标公司为全国铁路网第六次大提速进行时速200公里/时动车组招标，该公司同时在《人民铁道》和中国采购与招标网发布了名为《时速200公里铁路动车组项目投标邀请书》的公告。这次招标，对投标企业有着严格的规定和条件限定：第一必须是在中国注册的企业；第二必须拥有成熟的高铁技术；第三核心技术必须转让；第四只能和南车集团的四方机车车辆股份有限公司（以下简称四方）和北车的长春客车股份有限公司（以下简称长客）联合投标。中国广大的市场吸引了西门子、阿尔斯通、庞巴迪、日本大联合（含川崎重工等6家日本联合公司）的参与，最终南车四方与日本大联合组成联合体投标；南车四方与庞巴迪以合资公司的方式参与了此次投标；长客同阿尔斯通形成联合体参与竞标；西门子则未能成功参与此次投标。2014 年 10 月 20 日，川崎重工与南车四方、铁路局、中技国际签约；阿尔斯通与铁路局、中技国际、长客签约；南车庞巴迪（南车和庞巴迪组成的合资公司）与铁路局、中技国际签约。

2005 年 6 月，原铁道部发布了 300 公里动车组采购项目，西门子和北车集团的唐山机车车辆厂组成联合体成功中标 60 列时速 300 公里/时的动车组订单。至此，在原铁道部的统一部署下，我国企业成功引进了高铁的先进技术，为日后的集成创新打下基础。

2.1.2　快速发展期

高铁技术引进之后，我国政府有针对性地提出了建设推广高铁的计划。2007 年国务院批复的《综合交通网中长期发展规划》，确定到 2020 年铁路网总规模达到 12 万公里以上。2008 年根据国民经济发展新形势、新需求，国家及时调整了中长期铁路网规划，提出到 2020 年全国铁路营业里程达到 12 万公里以上，其中客运专线 1.6 万公里以上。

通过两次招标，我国成功从德国西门子、法国阿尔斯通、加拿大庞巴迪、日本川崎重工引进全球领先的先进高铁制造技术。在引进技术的基础上，我国制造企业进行了消化吸收和再次创新，制造出了全球领先的 CRH1-CRH5 型动车组（详见表 2-1）。

表 2-1　和谐号 CRH 系列动车组

车型	运营速度（公里/时）	运营时间	生产厂家	引进技术厂商	原型车
CRH1A	200	2007 年	南车青岛四方—庞巴迪铁路运输设备有限公司	庞巴迪（加拿大）	Regina C2008
CRH1B	250	2009 年			
CRH1E	250	2009 年			
CRH2A	250	2007 年	南车青岛四方机车车辆股份有限公司	川崎重工（日本）	新干线 E2-1000
CRH2B	250	2008 年			
CRH2C	350	2008 年			
CRH2D	350	2009 年			
CRH2E	250	2008 年			
CRH3C	350	2007 年	北方唐山轨道客车有限责任公司	西门子（德国）	Velaro E
CRH5A	250	2007 年	北车长春轨道客车股份有限公司	阿尔斯通（法国）	Pemdo linoSM3

续 表

车型	运营速度(公里/时)	运营时间	生产厂家	引进技术厂商	原型车
CRH380A	380	2010 年	南车青岛四方机车车辆股份公司		CRH2C
CRH380B	380	2010 年	唐山/长春轨道客车有限责任公司		CRH3C
CRH380BL	380	2011 年			
CRH3A	160～250	2012 年	南车青岛四方机车车辆股份公司		CBH380BL

资料来源:陈雨薇(2014)

高铁技术的有力发展确保了我国高铁网络建设的安全快速。截至目前,我国"四纵四横"高铁主骨架基本建成,在我国的经济建设中发挥着重要的交通促进作用。已开通运营的"四纵"高铁包括上海—杭州—宁波—福州—深圳快速铁路、京广高铁、京沪高铁、京哈高铁,北京—石家庄—郑州—信阳—武汉—长沙—广州—深圳—香港客源专线等;已开通运营的"四横"高铁包括徐州—商丘—郑州—洛阳—西安—宝鸡—兰州客运专线(由郑徐客运专线、郑西客运专线、西宝客运专线、宝兰客运专线组成)、南京—合肥—武汉—重庆、郑州—西安—宝鸡、石太高铁、胶济客专、杭州—长沙—贵阳、上海—南京—合肥—武汉—重庆—成都客运专线、青岛—济南—石家庄—太原客运专线(由沪杭客运专线、杭长客运专线、长昆客运专线组成)等高铁线路。

2014 年和 2015 年我国分别建成了营运里程为 5 353 公里、3 534 公里的高速铁路(详见表 2-2),随着海南环岛高铁线的贯通,我国高铁运营里程高达 1.9 万公里,居世界第一位。

表 2-2　建成高铁线路一览表

序号	项目名称	营业里程(公里)	开工时间	投产时间	速度目标值(公里/时)
2014 年建成		5 353			
1	成堰铁路彭州支线	21	2009 年	2014 年	200
2	杭长客专	933	2009 年	2014 年	300
3	兰新第二双线	1 776	2009 年	2014 年	250
4	贵广铁路	857	2008 年	2014 年	250
5	成绵乐客专	313	2009 年	2014 年	250

续　表

序号	项目名称	营业里程（公里）	开工时间	投产时间	速度目标值（公里/时）
6	哈齐客专	282	2009 年	2014 年	250
7	武汉至黄石城际铁路	96	2009 年	2014 年	250
8	武汉至黄冈城际铁路	37	2010 年	2014 年	200
9	青荣城际	336	2010 年	2014 年	250
10	郑州至焦作铁路	78	2010 年	2014 年	200
11	郑州至开封城际铁路	50	2010 年	2014 年	200
12	大西铁路太原至西安段	575	2009 年	2014 年	250
2015 年建成		3 534			
1	大西铁路原平至太原段	93	2009 年	2015 年	250
2	宁安铁路	264	2008 年	2015 年	250
3	合福铁路	810	2009 年	2015 年	300
4	成渝客专	308	2010 年	2015 年	300
5	郑徐客专	362	2012 年	2015 年	300
6	长昆客专贵阳以东段	693	2010 年	2015 年	250
7	沈丹客专	206	2009 年	2015 年	250
8	吉图珲铁路	360	2010 年	2015 年	250
9	津保铁路霸州至天津段	181	2010 年	2015 年	250
10	武汉至孝感城际铁路	61	2009 年	2015 年	200
11	东莞至惠州城际铁路	100	2009 年	2015 年	200
12	长株潭城际铁路	96	2010 年	2015 年	200

资料来源：国家铁路局网站

2.2　我国高铁进入国际市场

高铁迈出国门是高铁产业链企业的集体“远征”，需要产业链上各个企业共同努力争取国外合同，此外也需要政府层面的大力支持。本节主要介绍高铁产业链的有机组成部分、国际高铁市场的特点和我国高铁承包商在国际市场的开拓情况。

2.2.1 高铁产业链

根据国际铁路联盟的定义，高铁是指营运速度在每小时 200 公里以上的铁路系统。高铁产业是技术含量高的集成产业，速度每提高 150 公里后，相应的配套技术就要随着上升一个新的技术台阶（周菲、夏亚民，2011）。我国的高铁速度从时速 200 公里/时到 380 公里/时，中国铁道科学研究院研制的高速制动盘和闸片通过了 530 公里/时的试验台试验，这必将带动一大批高铁相关产业的发展，包括从高铁建设的可行性研究和环境评估、勘测设计到工程建设，从高铁技术的研发、车辆的设计制造、轨道交通到装备制造、信号系统，从高铁制造、冶金技术到电力供应和计算机控制系统。

从建设过程来看，高铁产业链覆盖了基建、铺轨、车辆和后期的运营（图 2-1）。根据原铁道部的相关数据测算，从造价的角度来看，铁路固定设施投资（电气配套、车站的建设、信息系统、轨道采购与铺设、隧道、桥梁、仪器设备安装等）约占 50%；基建（铁路沿线的施工工程承包，含土建、安装等）约占 38%；而车辆的采购（铁路机车、整车和零配件）仅占 15%。

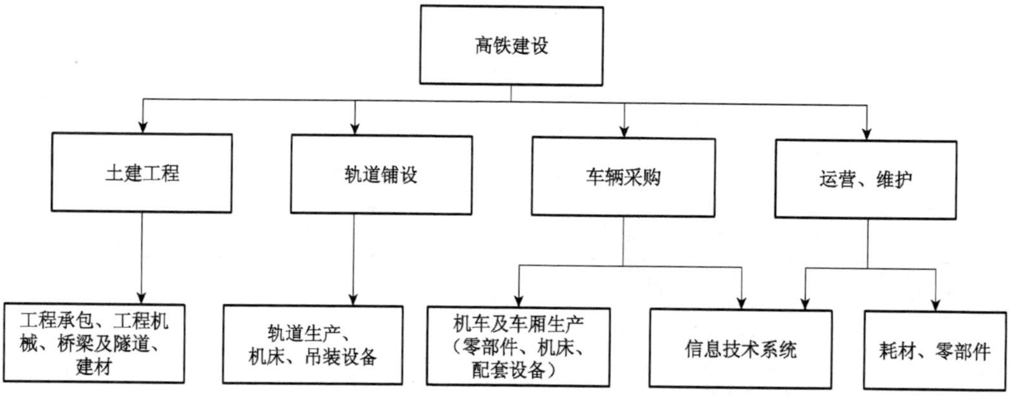

图 2-1 高铁产业链

我国国内高铁市场的繁荣，给高铁产业链上的承包商提供了技术创新和拥有大量实际工程经验的机会，我国政策的大力支持也将推动承包商更好地进入国际高铁市场。

2.2.2 国际高铁市场特点

通过对国际高铁市场的总结，本书认为国际高铁市场主要有四大特点：建设需求大、市场垄断性、资金消耗量大、市场风险大。

(1) 建设需求大。随着经济全球化速度的加快,各国对高铁的建设需求都很大,根据国际铁路联盟(UIR)公布的数据,2024 年全球高速铁路营运可达约 42 000 公里,约为 2010 年 14 100 公里的 3 倍,从 2004 年开始,全世界进入了高速铁路建设的持续高速发展时期。1964—2024 年世界高速铁路网的通车路程如表 2-3 所示:

表 2-3 1964—2024 年度世界高速铁路网的通车里程

年份	通车里程(公里)
1964	545
1974	820
1984	2 450
1994	4 800
2004	7 500
2014	26 000
2024	42 000

资料来源:(王祝堂,2011)

(2) 市场垄断性。高铁的市场垄断性主要体现在两个方面:自然垄断性和业主垄断性。自然垄断性表现为在有限的空间内建设两条相同的铁路是不可能的,也是环境和有限的土地空间所不允许的(杨正泽,2015)。业主垄断性主要表现为铁路建设的业主一般是东道主政府,在高铁建设中,业主处于主动地位,决定着项目的建设并拥有选择承建方的权利。相对应,高铁承包商为了争取项目则需要和东道主政府进行充分的谈判,提供充分优惠的条件来满足东道主政府的要求。

(3) 资金消耗量大。高铁资金消耗量大主要体现以下两个方面:其一,科技成本高。高速铁路的良好运行对铁路设施性能要求极高,而由于只有中国、法国、西班牙、日本、加拿大等少数国家掌握着高铁建设核心技术,别的国家想分享高铁市场则需要花费极高的产权转让费用。其二,建造成本高。我国建设标准最高的京沪铁路每公里造价约为 1.5 亿元,德国法兰克福—科隆线每公里造价约为 1 亿元(陈寒、廖富阔,2012)。

(4) 市场风险大。高铁国际市场具有极大的不确定性以及由此带来的风险。高铁市场风险主要包括东道主政治风险、支付风险、完工风险。东道主政治风险主要指东道主政府政权更迭和政策转变对项目带来的风险。2013 年中国政府和泰国英拉政府签署了《中泰关系发展远景规划》,双方达成了“大米换高铁”的合作意向,中国参与泰方的高铁建设计划,泰方以农产品来支付相关费用。而随后泰国发生军事政变，英拉下台，泰国高铁项目就此搁浅(张晓通、陈佳怡，2014)。

支付风险主要指承包商有可能不能回收成本的风险。高铁的业主是各国不同层级的政府，当政府无力支付工程款时，承包商即面临支付风险。另一方面，高铁建设合同多包括运营合同，也就是承包商通过 BOT 等其他协议在高铁建成通车后拥有一定特许年限的经营权，进而收回成本，世界高铁运营由于各种原因多是亏损的，需要政府的多种补贴来维护运营，因此政府财务不佳也会影响该协议的执行，给承包商带来支付风险。完工风险主要指多种因素可能造成项目拖延搁置的风险。意大利的"都灵—里昂"高铁项目由于部分当地群众认为高铁建设破坏生态环境而抗议，导致了项目的拖延。

2.2.3 进入国际市场

当今国际高铁建设需求旺盛，我国承包商面临着前所未有的机遇。我国承包商具有独特和显著的优势，在政府的大力支持下，逐渐走出国门，成功开拓包括土耳其安伊高铁、印度尼西亚高铁等海外高铁市场。

1. 中国承包商的优势

我国高铁是世界上在建规模最大、高铁时速最快、集成能力最强、运营里程最长、高铁系统技术最全的国家(张璐晶，2011)。我国高铁承包商"走出去"有四大优势：一是有先进完善的技术水平。中国南车集团研发的 CRH380 型车组最高时速高达 486.1 公里/小时。中国高铁技术在吸收先进技术的基础上进行了自主再创新，在动车组关键技术和牵引供电等技术领域不断取得创新性成果(方妍，2015)。我国地域幅员辽阔，地质地貌和环境具有多样性，目前开通的各条高铁线路都运行顺利，客观上证明了我国高铁技术的先进。二是有丰富的运营管理经验。中国时速超过 200 公里/小时的铁路客运专线的总里程超过 1 万公里，在建铁路里程近 7 500公里，规划单位内的建设里程近 3 800 公里，总计超过 2 万公里。中国的高速铁路建设里程占亚洲的 7 成多，占世界高速铁路运营里程的一半左右。三是有显著的成本优势。我国高铁建设的成本约是国外造价的 1/3～1/2，京沪高铁约为 1.7 亿元/公里，韩国 2004 年通车的高速铁路路基部分成本约为 2.5 亿元/公里。2014 年世界银行发布了关于中国高铁的报告，报告指出我国的高铁成本仅为其他国家的 2/3。世行认为中国高铁建造成本低的原因在于中国的劳动力成本低、高层规划和规模效应。中国引进了德国的板式轨道制造技术，但由于中国工人劳动力成本比德国低廉，导致同样的产品成本只有德国产品的 2/3。中国高层关于打造大陆高铁网的计划(6～7 年内建造 1 万公里里程的高铁网络)激励着高铁产业链上的企业努力进行技术创新，赢得未来的高铁市场，从而通过技术创新和产能升级降低了工程建设成本。规模效应体现在降低施工成本可以通过庞大的工程施工量和摊销资金投入的方式购买高效率、高技术、高成本的设备。四是承包商施工能力强。中国铁建在承包施工的土耳其"安卡拉—伊斯坦布尔"高铁项目中一夜铺设了 100 根电线杆，而当地企业 2 天才能架设 7 根电线杆（申孟哲、白梓岑，2015）。中国工人吃苦耐劳，作风顽强，以中建和中铁建为代表的中国承包商能够在各种复杂条件下完成施工任务（赵杨，2015）。

2. 中国承包商面临的机遇

中国承包商当前面临着前所未有的机遇和广阔的前景。根据国际铁路联盟 2014 年的报告，全球计划建设里程 4 459 公里。如表 2-4 显示，许多国家都提出了发展高铁的计划和建设意向。截至 2015 年底，中国已经和美国、老挝、俄罗斯、印度、印度尼西亚、泰国等国开展了高铁方面的合作，与中国签订高铁合作协议的国家和地区共有 22 个。

中国国家领导人习近平主席在 2014 年的亚太经合组织工商领导人峰会上承诺："随着综合国力的提升，中国有能力有意愿向亚太和全球提供更多公共产品，特别是为促进区域合作深入发展提出新倡议新设想。中国愿意同各国一道推进'一带一路'建设，更加深入参与区域合作进程，为亚太互联互通、发展繁荣作出新贡献。"中国承包商可以广泛地参与到该建设计划中，重点包括欧亚铁路建设、中亚铁路建设和泛亚铁路建设（赵杨，2015）。

李克强总理被誉为中国高铁的"超级推销员"，其在多个场合赞赏我国的高铁技术，推荐其他国家采用中国的高铁技术。据《中国经济周刊》的不完全统计，2014 年李克强总理共向 12 个国家（包含美国、英国、尼日利亚、埃塞俄比亚、肯尼亚、津巴布韦、俄罗斯、缅甸、泰国、哈萨克斯坦、塞尔维亚、安哥拉）发出了合作建设高铁的意愿。2014 年 5 月，李克强总理访问非洲期间，中铁建收获尼日利亚 130 亿美元的铁路大单，该铁路项目全线采用中国的铁路标准，是中国对外工程承包史上的最大金额单体合同。

除了"一带一路"倡议，总部位于北京的亚洲基础设施投资银行（简称亚投行）于 2015 年 12 月 25 日成立，该机构将不断夯实经济增长引擎的基础设施建设，提高亚洲资金的利用效率并为区域的全面经济发展贡献力量。亚投行主要为各国公共交通、能源、航空等基础设施提供融资和贷款，而高铁建设最大的困难之一就是各国政府经常面临资金的匮乏，各国的铁路建设可以利用亚投行提供的巨额资金支持发展本国的高速铁路。

3. 参与世界高铁建设

面对大好发展机遇期，我国高铁产业链上的承包商逐渐走出国门，开始参与世界上的高铁建设，从简单的货物贸易（车辆、设备等出口），服务贸易（施工、安装承包），到直接投资（投入资本参与后期运营），我国承包商开始在世界高铁舞台上崭露头角，委内瑞拉高铁项目、土耳其高铁项目、沙特轻轨项目、印度尼西亚高铁等都有着我国承包商的参与（表 2-4）。

表 2-4　我国承包商中标的高铁项目

东道主	项目名称	中国承包商	竞标时间	项目状态	承包方式
印度尼西亚	雅加达—万隆项目	中国中铁	2015 年	2016 年开建	建设和运营
老挝	中老高铁项目	中国铁路总公司	2015 年	待建	—
俄罗斯	莫斯科—喀山高铁	中国中铁	2015 年	待建	勘察、设计
印度	新德里—孟买高铁	中国铁路总公司	2015 年	—	可行性研究
墨西哥	墨克高铁项目	中铁建、南车	2014 年	搁置	EPC+O&M
泰国	中泰铁路	中铁建	2013 年	待建	—
委内瑞拉	迪纳科—阿纳科高铁	中国中铁	2012 年	在建	EPC 总承包
土耳其	安伊高铁	中土集团	2005 年	2014 年竣工	EPC 总承包
沙特	麦加轻轨项目	中铁建	2009 年	2015 年竣工	EPC+O&M

2006 年，由中国铁建牵头并联合中国机械进出口有限公司等组成的中资联合体击败欧美多家公司，赢得了土耳其安卡拉—伊斯坦布尔高铁二期工程，设计时速 250 公里/时，合同金额为 12.7 亿美元，全程 158 公里（双向）。中方铁建为项目的牵头单位，两家土耳其本土公司负责土建工程施工，中方负责轨道、四电工程的设计和施工。这次的成功中标是中国高铁承包商首次承揽建设的第一个电气化高铁项目。

2009 年，中国铁建旗下的中铁十八局集团公司、法国阿尔斯通公司和沙特拉吉赫工程集团组成的联合体中标了沙特麦加轻轨第一标段项目，该项目合同金额为 17.7 亿美元，合同模式为设计采购施工总承包和运营维护（EPC+O&M），项目全长 18.25 公里，其中高架线路为 14.3 公里，涵洞 320 座，公路桥 27 座，骆驼通道 13 座，是沙特国内 50 年来的第一个轻轨项目，设计时速为 360 公里/时。

2009 年，中国与委内瑞拉签订了 75 亿美元的铁路合同，中国中铁负责总承包实施工程（EPC），该线路为双线电气化高速铁路，中国中铁将以同委内瑞拉铁路局成立合资企业的形式来建设连接委内瑞拉农业区和石油带所在的两个州的铁路，该项目全长 468 公里，设计时速为 220 公里/时。中国和委内瑞拉将联合建设南美第一家铁路工厂和车厢制造厂，100 名委内瑞拉工程师将奔赴中国学习，这将为委内瑞拉提供 7 500 个工作机会。设立的合资企业包含钢轨焊接厂、轨枕生产厂、火车车辆组装厂和道岔组装厂，中方进行技术转让。

2.3 “一带一路”倡议和亚投行

2013 年 9 月和 10 月，中国国家主席习近平同志提出了建设“丝绸之路经济带”和“21 世纪海上丝绸之路”的伟大构想(简称“一带一路”，图 2-2)。当今世界正发生复杂深刻的变化，国际金融危机深层次影响继续显现，世界经济缓慢复苏、发展分化，国际投资贸易格局和多边投资贸易规则酝酿深刻调整，各国面临的发展问题依然严峻。共建“一带一路”是顺应世界多极化、经济全球化、文化多样化、社会信息化的潮流，秉持开放的区域合作精神，致力于维护全球自由贸易体系和开放型世界经济。共建“一带一路”旨在促进经济要素有序自由流动、资源高效配置和市场深度融合，推动沿线各国实现经济政策协调，开展更大范围、更高水平、更深层次的区域合作，共同打造开放、包容、均衡、普惠的区域经济合作架构。共建“一带一路”符合国际社会的根本利益，彰显了人类社会的共同理想和美好追求，是国际合作以及全球治理新模式的积极探索，将为世界和平发展增添新的正能量。

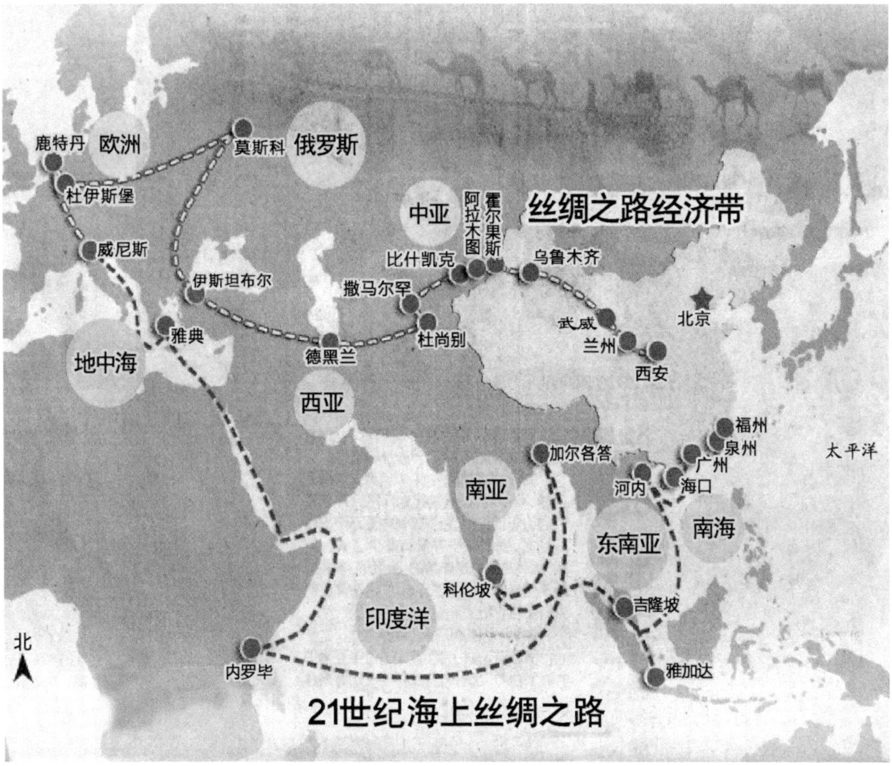

图 2-2　“一带一路”规划(人民网，2014 年 10 月 19 日)

“一带一路”倡议一方面围绕新疆独特的区位优势向西开放，深化与中亚、南亚、西亚等国家的交流合作，将该地区建设成丝绸之路经济带上重要的交通枢纽、商贸物流和文化中心；另一方面，利用长三角、珠三角、海峡两岸、环渤海湾等经济区经济实力强、开放程度高、辐射范围广、影响作用大等优势，加快推进中国21世纪海上丝绸之路核心区建设，深化与港澳台的合作，打造更广大的粤港澳大湾区，形成面向全世界的海上丝绸之路的新起点。两大方面都对提升区域经济，构建世界经济新版图有着积极贡献。相信中国高铁在“丝绸之路经济带”的建设中将发挥其快速、高效、绿色的优势，将各经济体紧密地链接在一起，助力各区域经济的腾飞。随着我国“一带一路”倡议的提出，中国承包商可以广泛地参与到该建设计划中，重点包括欧亚铁路建设、中亚铁路建设和泛亚铁路建设。

2015年12月25日，亚投行正式成立，这是全球迎来的首个由中国倡议设立的多边金融机构。这也是一个政府间性质的亚洲区域多边开发机构，重点支持亚洲基础设施建设，成立旨在促进亚洲区域的建设互联互通化和经济一体化的进程，并且加强中国及其他亚洲国家和地区的合作（新华网，2015年12月27日）。由于亚太区域基础设施建设领域存在的融资缺口问题严重，亚投行将定位在基础设施投资领域，特别要实现各地区的互联互通。它对促进亚洲国家经济发展与区域经济一体化具有重要意义。创建亚洲基础设施投资银行，通过公共部门与私人部门的合作，有效弥补亚洲地区基础设施建设的资金缺口，推进了亚洲区域经济一体化建设。亚投行也有利于扩大全球投资需求，支持世界经济复苏。亚投行将通过基础设施项目，来推动亚洲区域经济的增长，促进私营经济的发展并改善就业环境。亚投行的成立让人看到了中国“走出去”战略和“一带一路”倡议稳健发展的希望。亚投行不仅有利于亚洲经济的发展，更把中国在世界舞台的地位再一次提升到一个新的高度。有理由相信亚投行的成功筹建，将极大地支持中国欧亚铁路、中亚铁路和泛亚铁路三条高速铁路“走出去”的规划，也将更好地为“一带一路”顶层倡议的顺利实施提供有力的帮助。

2.4 本章小结

本章主要介绍了我国高铁技术的发展历程和中国高铁承包商开始逐渐走向国际高铁市场。我国高铁技术经过技术引进、消化吸收、再创新，已达到世界领先水平。国际高铁市场具有建设需求大、市场垄断性、资金消耗量大、市场风险大的特点。我国高铁产业链上的承包商具有技术先进、运营经验丰富、建造成本低、施工能力强四大显著优势。我国政府的大力支持、“一带一路“倡议规划的提出、亚投行的成立都给我国承包商开拓海外市场带来了机遇,我国高铁承包商在国际市场上已经开始参与数条高速铁路的建设。

第三章　国际化与进入模式相关理论

本章主要对相关的文献进行梳理和回顾，主要包括四个部分：①国际化动机；②双元理论；③目标市场选择理论；④进入模式相关理论。

3.1　国际化动机

不同企业实施国际化战略的动机是各不相同的。学者们对此做了充分的研究，由于研究的角度不同，所得的结论也各不相同。

很早的时候就有学者指出国际化程度越高的企业往往在市场上会获得更高的评价，这些好的评价将在很长一段时间给企业带来正向的绩效影响。因此，实施国际化策略的企业往往长期绩效好于未实施国际化策略的企业(Errunza & Senbet，1984；Grant，Jammine & Thomas，1988；Delios & Beamish，1999；Figueira-de-Lemos F，2014；Cavusgil & Knight，2014)。

Czinkota，Rivoli & Ronkainen(1992)则指出，国际化的动机受环境、市场和生产三个要素的影响：① 环境因素，当企业面临市场狭小、竞争压力大、劳动力成本高、政治不安定、本土消费能力不足等国内环境因素时，会寻求对外发展；而国外环境也会有不利因素，例如外销配额限制、国外贸易保护主义、高额关税保护政策等，这些不利因素也会致使企业通过国际化的发展来消化这些不利因素。所以我们不难看出环境因素多为被动因素。② 市场因素，企业为了更大的市场或是提升销售量，会走上国际化的发展道路，或占领更多的市场来进行市场布局。③ 生产因素，降低生产成本、获取新技术是企业采取国际化策略的重要原因。在新的国家或地区，企业可能获得比本国更便宜的劳动力成本、更便捷的生产原料和资源获得途径，甚至更先进的生产技术或管理方式。

国际化发展已经成为企业追求高利润、低成本的方法，但是这一方法的实施并不是一蹴而就的，而是需要经历一段时间的过程。企业在发展国际化时切不可急躁，过于急躁可能会欲速则不达，致使企业负担加重而利润率降低，或是无法获得国际化带来的全部潜在价值(Vermeulen & Barkeman, 2002)。

近年来,很多学者通过大量实证再次证明在现代商业发展中,企业实施国际化竞争策略,不仅有助于企业分散经营风险、获取互补性资源、增加组织学习能力、增强企业竞争优势,还对企业绩效有着正向相关的影响(Hsu & Pereira, 2008; Li & Yue, 2008; Gaur & Kumar, 2009; Eckert et al, 2010; Fisch & Zschoche, 2011; 赵晔涵,2014; Francisco, Miguel & Pervez, 2014)。

综上所述,国际市场吸引企业的地方很多,企业走上国际化的道路的动机因为各个企业所处的行业、国家以及各自的竞争力的不同而不同,如表 3-1 所示。经过总结,主要集中在以下几个方面:追逐更大的市场(销售量、利润),获取更多的资源(原材料、新技术、管理经验),寻求更低的成本(人力成本、贸易成本、生产成本、管理成本),降低运营风险(多元化经营、竞争压力大、提高绩效)等。由此可见,企业进行国际化最根本的目的是通过国际化来实现最大化的利润。

表 3-1　国际化动机研究成果

学者/年份	观　点
Dunning (1998)	寻求海外资源、追求利润或是开发新市场
Punnett & Ricks(1992)	被动动机,国内市场接近饱和、竞争压力过大,继而转向国际市场寻求新利润;主动动机,主动追求海外市场,分散经营风险,提高经营绩效
Porter(1985) Hitt et al(1997)	企业能够借由开发国外市场产生规模经济、降低成本、获取原料、降低经营风险、规避贸易障碍等
Czinkota, Rivoli & Ronkainen(1992)	环境因素、市场因素、生产因素
Vermeulen & Barkema(2002)	规模范围经营、扩大利益、知识转移、产品创新
张敏、武齐(2010)	对发展中国家而言,国际化有助于加快进入市场,降低海外市场营销成本
赵晔涵(2014)	规模经济、降低营销成本、产品有序扩散
Giulio & Moro (2016)	当企业想要扩展国际市场时,国际化即构成了该企业的主要战略

3.2 双元组织

双元组织源于对管理中悖论的解决，单词“ambidexterity”起源于拉丁语“ambos”，原意是形容人双手皆灵巧的本领或状态。Duncan（1976）最早使用“organizational ambidexterity”这一术语，借以隐喻组织所具有的既能适应渐进性变革又能适应突变性变革的特征。March（1991）里程碑式地提出探索（exploration）和开发（exploitation）是两种基本的活动。现在，探索和开发已经被广泛运用，来表示一个组织能够同时实现不同的、相互竞争的行动的能力。双元组织的研究领域已经涉及组织学习、组织适应、技术创新、战略管理、组织设计等。虽然学者们从不同的维度和视角提出了多组“相互竞争”的行为，但是无一例外地都沿用了探索（exploration）和开发（exploitation）的概念。探索活动是指从事变异、试验、冒险、创新的行为，这些行为涉及搜索新的组织实践，研发新技术、新市场、新流程、新的生产方式等；而开发活动则指的是提高效率、复制、选择、实施的行为，通过开发活动，企业将自己的现有知识运用于自己已有的领域，并通过传统惯例和经营行为的沿袭来增强组织的可靠性与稳定性（张玉利，2006）。探索与开发活动的对比如表 3-2 所示。

表 3-2 探索和开发的比较

比较项目	探索	开发
目标	搜寻新市场、新客户，满足其需求	满足已有市场和客户的需求
结果	获得新市场、新产品、新技术、新营销渠道等	已有市场的维护，已有产品和技能的改善等
知识基础	生成新的知识或是从已有知识中提炼出新知识	对已有知识和技能进行扩展
行为	搜索、变异、试验、冒险、创新	提炼、复制、实施、提高效率
绩效	长期	短期
战略	面向未来的技术和市场，追求长期效益	立足现有技术和市场，追求短期效率

探索和开发是一组相互竞争的活动。企业如果过分强调探索活动而忽视了开发活动，将可能遭遇无法从高额的探索和试验活动中得到回报的风险，这就可能造成大量的资源浪费，使得企业背负上沉重的负担而无法生存，这就是所谓的“创新陷阱”。而当企业过分强调开发活动而忽视了探索活动时，就有可能遇见“过时”风

险，虽然企业能够成功利用现有的产品、技术、市场获得短期的收益，但是在面对巨大的市场和技术变化时，现有能力会很快过时，将导致企业无法生存，这也叫做“能力陷阱”(Levinthal & March，1993；Nielsen & Gudergan，2012；Chareles et al，2013；Raisch，Birkinshaw & Zimmermann，2015)。所以组织需要将探索和利用结合起来，协调发展。组织长期的生存与成功依赖于具有“进行充分开发以确保当前利益，并进行充分探索以确保未来利益”的组织能力。Tushman & O'Reilly (1996)认为，一个实施双元组织策略的公司可以实现更高公司性能和可持续性；可以避免重大的组织变化或突然的切换治理模式，以及随之而来的成本增加；能够有效地转移组织惯性，并能适应超出其控制的变化甚至从这种变化中获得受益。

为了指导企业在充分了解自身的情况下合理分配资源，平衡企业的探索行为和开发行为，将双元组织行为的概念引入到本书中，从而探讨企业国际化策略的顺利实施应当采取什么样的探索和开发行为。

3.3 目标市场选择理论

国际目标市场的选择决策过程就是要先通过一系列的选择标准，衡量在东道主国家开拓市场的风险、成本、收益和长期市场发展潜力，最后抉择出最具吸引力市场的选择过程(罗敏，2011)。

3.3.1 折衷理论

邓宁(Dunning)的折衷理论认为企业只有拥有了所有权优势(ownership-specific advantages)、内部化优势(internalization-specific advantages)、区位优势(location-specific advantages)才会选择对外进行直接投资。该理论中的区位优势部分对东道主的环境提出了具体的要求，对目标市场的选择有一定的借鉴。

区位优势指东道主在贸易政策、经济管理制度、投资环境等方面比投资国更具有投资价值。1977 年邓宁(Dunning)从两个方面论述了区位优势：一是资源优势，即东道主有着优越的地理位置、价格低廉的土地和劳动力成本，优惠的贷款利率，丰富的自然资源。二是制度优势，如果东道主有着完善的法律法规制度、稳定的政治经济环境、具有吸引力的金融贸易政策和吸引外商投资的各种优惠政策，将会吸引更多的公司选择在该国进行投资生产和贸易活动。

2000 年邓宁对区位优势的具体内容作了进一步的扩充和解释。区位优势包括东道主国家有着健全完备的基础设施、政府为吸引投资出台的优惠政策、全备的市场机制、市场的消费者有一定的购买力、低成本的物流运输和通讯价格、低廉的生产要素价格。东道主具备的区位优势促使国际生产和投资活动变得更具可行性。

3.3.2 国家整体吸引力理论

查尔斯·希尔于2004年在《当代全球商务中》提出，一个国家在政治、经济和法律上的环境明显影响该国作为一个市场和投资地的吸引力。在一个国家做生意的利益、成本、风险与该国的政治、经济、法律体制的作用有关，而是否选择该国进行投资则取决于该国整体吸引力的大小，该国吸引力的大小则取决于是否能达到一种均衡关系，即做生意长期获利的概率与伴随的成本、风险的关系。他对利益、成本、风险、整体吸引力展开了详细的论述：

1. 利益

一般而言，在一个国家进行商务活动的长期收益取决于该国的市场规模、消费者的当前购买力和潜在购买力。通过早期识别一个有市场潜力的国家，跨国企业可以在该国更早建立信誉商标和经验。若该国经济一直保持高增长率，信誉和经验就会给该公司带来极大的经济红利。一个国家的潜力和经济前景可以从经济体制和财政权体制两个维度来看，在市场经济体制的国家，财产权受到保护，这样的国家相比实行指令性经济(即计划经济)的国家经济增长更快。

2. 成本

在一个特定国家开展经营活动的成本由政治、经济和法律三个要素决定。从政治要素来看，成本会因为向该国权贵行贿而增加，以便获得在该国经营的权利。在民主国家，由于官员需要向选民解释财产来源，而在独裁国家则没有这一说，因此在独裁国家行贿会更加频繁。从经济要素来看，由于欠发达国家的经济基础设施和支撑企业发展薄弱，在该国投资就需要花费更大的成本，最极端的例子就是该企业为了维持良好的经营状态需要自己提供基础设施和相关支撑企业。从法律要素来讲，在产品安全、工厂安全及环境保护更为严格限制和规定的国家投资会花费更大的成本。若当地法律不能提供完善和健全的知识产权保护体系，则会导致国际企业因知识产权被盗而丧失大量收入。

3. 风险

风险同样取决于一系列的政治、经济和法律要素。在政治方面，政治风险被定义为由政治力量在一国商业环境上造成的剧烈变化引起的，对企业的盈利目标产生副作用的可能性。政治风险包含罢工、示威活动、恐怖主义和暴力冲突以及军事政变等。经济风险和政治风险具有依存性，经济管理不善会导致社会动荡，进而引发不同程度的政治风险。经营管理不善的标志有一国的通货膨胀率、商业水平，政府贷款程度。在法律层面，当该国的法律体系不能对企业财产和经营活动进行完善的保护时，风险就产生了。法律风险被定义为生意伙伴寻机不履约或剥夺财产权的可能性。

4. 整体吸引力

该国整体吸引力取决于对利益、成本和在该国经营时所要冒的风险。一般而言，成本和风险在经济发达且政治稳定的民主国家相对较低，此外潜在的利益还和该国未来的经济增长可能有关。因此，在同等条件下，政治稳定的发达国家和虽为发展中国家，但有着自由的市场体制、低膨胀率和低外债的国家，在利益—成本—风险间的综合衡量中有可能备受青睐。相对而言，政治不稳定的发展中国家和实行混合经济或指令性经济的发展中国家，或金融泡沫过大、过度借贷的国家，最不受欢迎。

3.3.3　制度理论

21 世纪以来，在企业的战略决策中，制度的地位日益突出，决策者更加重视制度环境所起的作用，制度理论开始逐渐被人认可（杨玉娟，2011）。

制度被普遍认为是一种"游戏的规则"，它影响着个体和组织的行为选择与结果。在制度理论中，经济学家诺斯（North）和社会学家斯科特（Scott）对制度内涵的定义占据着极其重要的地位。North（1990）从制度存在的目的与形式的角度，将其定义为旨在构建人类互动的人为设计的约束条件，而社会学家 Scott（1995）则从制度的构成要素与意义的视角，将制度视为为社会行为提供稳定性并赋予意义的，包括管制性、规范性和文化认知性。而且，两位研究者对制度的表现形式和构成内容方面的理解也存在巨大差异，诺斯将广泛的制度现象和存在划分为正式的和非正式的两大部分；而斯科特则将制度分解为三大支柱系统：管制性、规范性和认知性（表 3-3）。

表 3-3　制度的维度

正式的程度	示例	构成支柱
正式制度	★法律 ★管制 ★规则	★管制性
非正式制度	★行为准则 ★文化 ★道德	★规范性 ★认知性

资料来源：(Peng et al，2009)

随着制度理论的繁荣，Scott（1995）将制度环境分为三大类：法规因素、规范因素、认知化因素。法规因素(regulative elements),包括法律、规则等,这些因素的存在是为了确保一切产业社会或组织的稳定性以及秩序,以强制力来进行规范,但外国公司与当地公司比起来往往会受限于一些国家保护政策,有差别待遇;规范因素(normative elements),包括社会规范、社会期待,虽未明文立法规定,但个人或组织身在其中将会依照那些不成文的规定而进行着某些事,例如工会;认知化因素(cognitive elements),对于社会认同,在同一个文化中的行为常视为理所当然,而非强调责任、权利义务,文化认知视为惯例,以及潜意识所认同的规则与习俗。这些维度在不同的国家之间是不同的,而且通过环境约束对管理者的战略决策产生影响。

基于制度理论,学者石鸟云(2012)探讨了制度因素对东道国选择的影响。制度因素主要在三个方面影响着东道主国家的选择:

(1) 从企业层面来看,应该优先选择制度差距较小的东道主国家。企业在开拓国际市场时,首先要解决的问题就是能否取得进入该国的合法性,即获准权利进入该国。其次,公司在发展海外市场的过程中,希望能把公司的核心竞争能力传承给海外的分支机构,而在不同的国家,这种能力的传承难度是不同的。最后企业要想在国外经营成功,要赢得当地材料供应商、分销商和消费者的认可,除了企业本身的行为外,还和企业母国和东道主之间的消费者价值习惯、生活惯例、文化距离相关。这都决定着企业要选择制度差距小的市场进入。

(2) 从东道主社会层面来讲,文化距离是企业能否赢得当地认可和接纳的重要壁垒。除了正式制度带来的压力外,企业在当地市场的生存和发展过程中面临着将外来身份内在化的压力,而这些压力也正是东道主国家的不同道德和价值观所产生的。

(3) 从国家层面来说,是否选择进入东道主国家还取决于母国和东道主国家的两国贸易频率。两国贸易的频繁性可以促使贸易行为的惯例化,大量重复的贸易活动可以减少交易成本,进而提高公司的海外经营利润。

3.4 进入模式理论

3.4.1 进入模式的定义和分类

根据 Root(1998)对进入模式的定义,进入模式是一种制度安排,根据这种制度安排,企业将人力资源、管理惯例、产品、技术和其他资源转移到其他国家。

关于进入模式的研究是当今国际商务领域的热点之一，这些研究的首要目标是识别并评价影响最优进入模式的因素（罗敏，2011）。Paul & Mas（2016）把进入模式分为直接投资（FDI）和出口，Ji et al（2016）则把进入模式分为直接投资和非直接投资（non-FDI），Zhang et al（2015）则在研究中重点关注了以股权为基础的进入模式。Ravelomanana et al（2015）在研究中国武汉钢铁行业的进入模式时，把进入模式归纳为直接出口、间接出口、合同管理、销售分公司（sales subsidiaries）和战略联盟。Song（2014）把进入模式分为全资绿地、部分所有绿地、全资并购和部分资金并购。李恒、金志刚（2009）总结了鲁特（Root）等人的研究，把国际市场进入模式分成了出口进入模式、合同进入模式、投资进入模式三大类（图 3-1）。

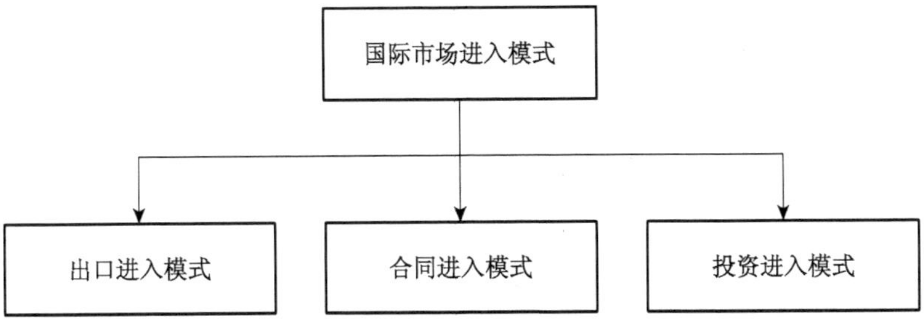

图 3-1　国际市场进入模式分类图

其中出口进入模式指企业将产品在目标国境外制造完成后，再销往东道主市场的贸易方式；合同进入模式是指在一般不涉及股权或产权的条件下，与东道主国家签订合同，使企业的技术和人力资源转移到目标国。它主要包括合同制造、服务合同、管理合同、技术协议、交钥匙工程、许可证贸易、特许经营、国际分包合同等方式；投资进入模式则指以所有权为基础，公司通过在目标市场占有部分或者全部所有权，形成跨国企业。

张旭海（2007）则将三种进入模式中的出口进入模式和投资进入模式做了进一步的细化，具体见图 3-2 所示。

随着中国学者对进入模式的研究深入，不同行业的进入模式也不断得到深入研究，学者贾季萍（2010）认为当前关于进入模式的研究大多是针对制造行业，而工程行业的进入模式与制造行业的进入模式是有区别的。贾季萍在前人研究的基础上，提出了适合工程行业的十种进入模式：

（1）战略联盟。战略联盟是承包商和战略合作方建立长期的、稳定的合作伙伴关系，战略联盟的对象可以是东道主政府、上下游材料供应商、银行等金融机构、咨询公司、客户和其他工程承包商。战略联盟的形成使双方形成了优势互补，充分发挥各方的优势。

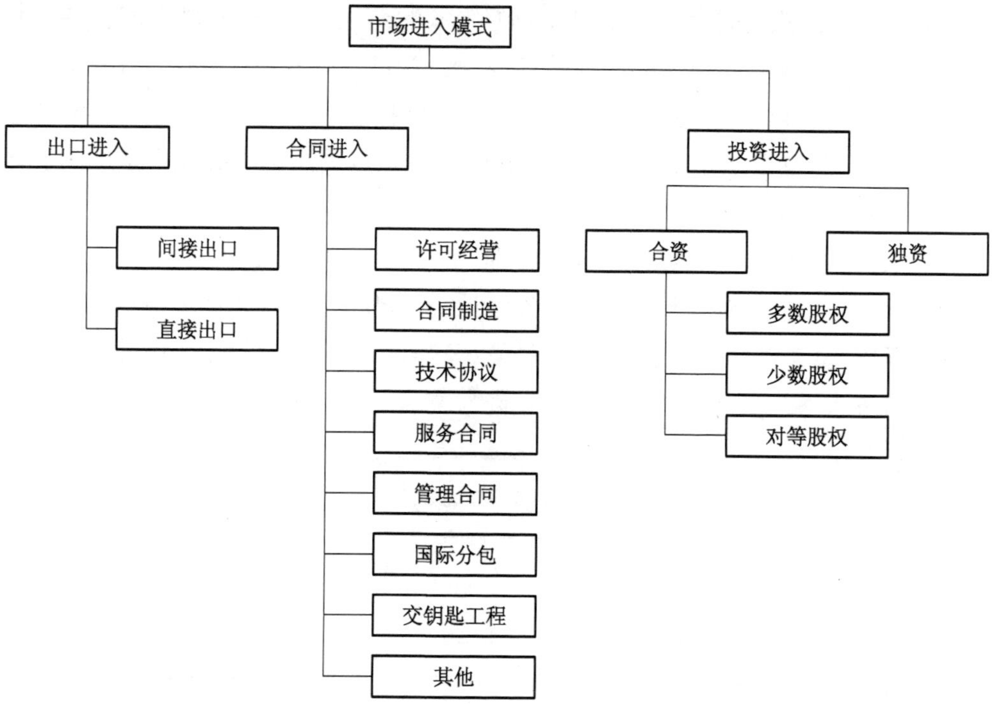

图 3-2　国际市场进入模式分类图

(2) BOT。BOT 是指建设(build)—运营(operate)—移交(transfer),被广泛运用在大型基建项目中。在国际建设领域,BOT 不仅是一个合同模式,也是项目融资的一种方式,其具有的优势包括减轻了政府资金和运作的压力,以高效的方式进行工程项目建设。世界银行在 1994 年世界发展报告中指出 BOT 在现实工程中的运作形式包括 BOT(最基本的形式);BOO(build-own-operate),即建造—拥有—经营;BOOT(build-own-operate-transfer),即建造—拥有—经营—移交。

(3) 合资项目。在当今的国际工程建设领域,大型乃至超大型的建设项目层出不穷,建设工程的规模越来越大,工程的施工技术更加复杂,各个承包商之间的竞争也越来越激烈。此外,东道主国家为了维护本国承包商的利益和工程上下游产业链的利益,往往会设置各种政策性壁垒来限制国际承包商在本国的工程承包建设。为了克服不利的政策限制,承包商需要选择合适的企业(往往有当地承包商的参与)共同参与项目的投标和建设。2010 年 10 月,阿尔及利亚颁布由当地公司控股、使用当地产品和服务的企业将在公共合同授标中享有 25%的优惠,并且承包商在投标时必须与阿公司组成联合体共同投标。

(4) 许可经营。许可经营包含许可、技术转移和特许经营。许可经营是一种资金和资源投入较少的进入方式。由于承包商并不直接在东道主国家进行工程建设活动，因此承包风险就相对较小，相对等的是利润会较低。许可经营的不利之处在于当地承包商获得技术许可后可能会成为今后国际工程市场的强有力对手。

(5) 办事处。办事处是承包商在东道主设立的非直接生产经营的机构，办事处可以随时跟踪项目信息的发布，收集项目的招标信息。由于办事处的资源承诺水平较低，可以灵活地加以调整，公司战略调整或者东道主失去吸引力后，承包商可以迅速关闭办事处；相反，办事处也可以较为简单地升级为分公司或者子公司。

(6) 当地代理。当地代理模式的成功运用能有效解决承包商对东道主市场、政策法规不了解的困境，当地代理企业熟悉市场规律和需要，和本国政府关系相对较好，能够快速地搜集市场信息并协助承包商进行投标工作、政府批文、税收申报等。

(7) 合资企业。承包商在东道主国家建立合资企业是有效进入国际市场的方式，合资企业分为公司制和合伙制。承包商在建立合资企业的过程中可以用现有资金、土地所有权、大型施工设备、技术、专利等多种形式的投入来建立合资企业。

(8) 独资公司。和建立合资企业相比，承包商建立的独资公司会拥有更高程度的控制权，避免了设立合资公司之间的长时间和频繁的沟通和艰辛谈判。设立独资公司，承包商可以更好地复制企业的经营理念和价值观，较为方便地复制企业的优势竞争力。但随着资源承诺程度的提高，承包商需要独自面对东道主的市场风险和陌生的国际工程市场制度环境。

(9) 分公司。分公司是承包商为了开拓国际市场而在东道主国家设立的分支机构。分公司和独资公司的最主要不同之处在于前者不具有独立的企业法人资格。因此，当分公司涉及法律纠纷后不能独立承担民事责任，要有母公司来应诉。分公司和办事处的核心区别在于分公司是以经营为目而设立的，可以直接从事商业经营活动。

(10) 独资项目。独资项目被认为是最简单的市场进入模式。它不牵涉企业的长期经营目标，当承包商发现这个项目有利可图时便可以决定竞标，参与这个项目的建设和开发，而当项目竣工后，承包商可以选择随时撤离该国市场。独资项目具有资源承诺低、风险小的特点。

Chen(2009)通过对中国承包商在 94 个市场进入案例的研究，提出了适合工程建设领域进入模式的分类，进入模式共分为十种，包括战略联盟、BOT、合资项目、办事处、许可协议、当地代理、合资企业、独资公司、分公司、独资项目。

结合国际工程实践和搜集的资料，本书对工程进入模式进行了分类。在工程建设领域，承包商必须到当地施工现场完成施工，因此不可能在母国完成建设后运往目标国。因此,出口进入适用于制造业,而不适用于工程建设行业,所以出口进入模式未出现在本书范围;战略联盟这一进入模式会结合 BOT 或合资公司和合资项目来使用,因此在分类后的进入模式中,战略联盟并未体现在分类结果中;由于许可经营和当地代理的使用较少,这两类也未出现在分类当中;在工程建设领域总承包(Engineering Procurement Construction, EPC)运用得也较为频繁,因此,本书把 EPC 也列入进入模式分类中。本书提出的工程进入模式,是根据工程建设行业特点,同时考虑承包商进入国际目标市场的战略方针,目标国经营是否具有长期性和可持续性,是否在东道主国家拥有正式的常驻机构进行建设和商业经营,可以把承包商的进入模式分为合同进入、投资进入两大类(图 3-3)。

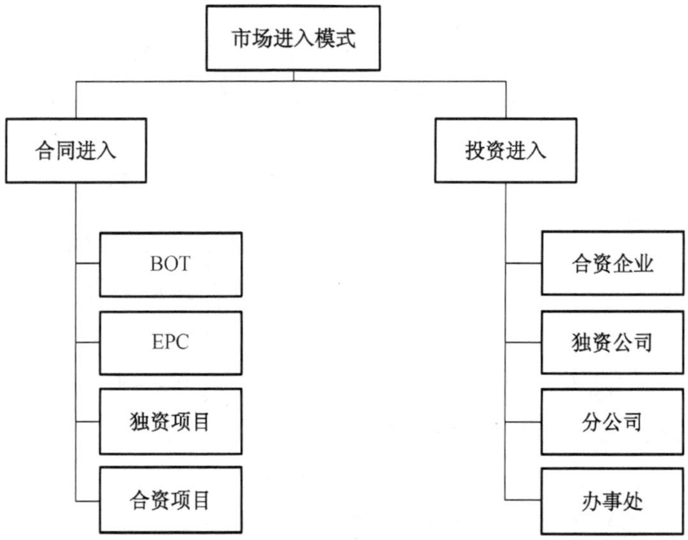

图 3-3 国际工程承包商进入模式分类

3.4.2 进入模式的内在特性

Hill et al(1990)在综合前人研究的基础上,提出了进入模式具有三个内在特性:控制力度、风险水平和资源承诺。工程建设行业生产周期长,基础设施建设尤其大型基建投资大,对当地的经济发展有着深远的影响,同时风险也相对较大。承包商面临形形色色的发展问题,而如果注重提高在当地经营的属地化水平,自觉地把当地的社会就业稳定和经济发展同企业经营战略结合,将增加当地社会对该企业接受和支持信任的程度,进而为承包商顺利占领市场做好铺垫。结合工程行业和传统学者对进入模式内在特性的探讨,本书主要从属地化水平、控制水平、风险水平和资源承诺水平四个方面展开论述。

1. 属地化水平

属地化，又称作本土化，即企业在对外经营过程中，为了实现本企业长期利益、短期利益的最大化而不断更新企业发展战略来适应东道主的环境（胡明礼，2014）。本书认为在工程行业的进入模式中，属地化水平是进入模式的重要内在特性之一。与合同模式不同的是，投资模式可以做到承包商的常驻机构属地化，也即企业经营属地化。承包商在当地设立分公司或者全资子公司后，在制定本公司的战略发展规划和公司中短期目标时，可以结合当地社会的经济建设需求和政府投资导向，从而在追求自身价值最大化的同时，承担企业责任。

2. 控制水平

采用高控制水平的进入模式，企业可以有效地执行母公司的全球战略并有效地转移公司的核心竞争力和企业文化。但是高控制的模式会加大企业的资源承诺水平，控制力度越大，企业需要投入的资源要素就越大，东道主承担的风险也就相对越大，而风险越大收益水平会相对较高。因此，采用高控制水平的进入模式（比如绿地），意味着更高水平的资源投入和收益水平，并承担着更多的不可控制的风险。

3. 风险水平

承包商在国外发展时会遇到文化风险、经济政治风险。文化风险是公司的海外机构由于文化理念不同的内部员工之间、企业同当地社会之间发生冲突而导致的风险。在投资模式中，企业需要大量雇佣当地员工并在当地长期持续经营，这增大了同当地社会和当地居民发生文化冲突的可能性。经济政治风险更容易影响投资进入的企业，企业在当地设立公司后，公司的运行制度、法人结构、税收盈利水平多取决于东道主政府政策的具体规定，一旦目标国发生严重的政治经济动荡，将会给采用投资模式进入的企业带来不可弥补的损失。

4. 资源承诺水平

工程行业是资源高投入的行业，就具体项目而言，需要大量资金，大型建筑施工机械、原材料（水泥、钢筋等）和人力资源（管理人员和一线工人等）。项目往往持续时间较长，因此一旦开始，就需要长期大量占用公司的稀缺资源。当公司设立分公司或全资公司后，资源承诺的水平则会更高，固定办公场所往往构成企业在当地的固定资产投资。当地公司设立后，企业可能会争取大量大项目的开建，并投资办厂（当地可能缺少原材料供应商和厂家或者是投资协议约定），这些都将加大母公司在当地的资源承诺水平。因此，投资模式是高资源承诺水平的进入模式。

3.4.3 进入模式的选择理论

在关于进入模式的研究中，折衷理论、制度理论和资源基础理论从不同角度对进入模式进行了相关研究。因此，本小节主要回顾了折衷理论、制度理论和资源基础理论中对进入模式的相关陈述和研究。

1. 折衷理论

邓宁的折衷理论主要回答了企业在国际化程度中在具有特定优势的情况下选择合适的进入模式。邓宁把进入模式分为出口、技术转移和对外直接投资，折衷理论认为企业采用对外直接投资的条件就是企业同时拥有所有权优势、内部化优势和区位优势。其中，所有权优势是指企业所特有的，不能被国外竞争对手轻易复制的特定优势，包括生产技术、规模经济、组织管理能力、金融与货币优势。内部化优势是指企业通过对外直接投资将拥有的资产转移到国外子公司所具有的优势，换句话说，公司通过将拥有的资产转移到海外子公司比交易到其他企业能获取更多的利益。企业拥有内部化优势的条件有三个：一是签订和执行合同需要较高费用；二是买者对技术出售价值具有不确定性；三是企业需要最终控制产品的使用。区位优势是指东道主国家相对第三方国家在吸引投资方面具有的优势，能否形成区位优势取决于四方面的条件：一是劳动力成本；二是市场潜力；三是贸易壁垒；四是政府政策。于是，企业可以根据三种优势的拥有情况来选择进入模式（表 3-4）。

表 3-4 企业优势与进入模式选择的关系

进入模式	所有权优势	内部化优势	区位优势
对外直接投资	√	√	√
出口	√	√	×
技术转移	√	×	×

注：“√”代表企业拥有某种优势；“×”代表缺失该种优势。

2. 制度理论

就制度的观点而言，人类的行为动机已经超越了经济最优选择，扩展到社会正当性和社会义务；而企业则是在由规范、价值观和理所当然的各种假设（合适的和可接受的经济行为）组成的社会框架下开展运营的（Zukin & Dimaggio，1990）。李巍（2012）认为企业的经济选择不仅是被新古典主义模型所强调的技术的、信息的和收入的限制而约束，还会受到社会性限制（例如规范、习惯和习俗）。

制度研究使用最广泛的分类还是正式制度与非正式制度。正式制度是组织和个人之间有意识地制定的各项法律、法规以及经济活动主体之间签订的正式契约。

Brouthers(2001)认为制度结构会影响进入战略选择,制度结构可能会给国际市场进入带来障碍(比如关于所有权形式的法律约束),使得根据交易成本理论得出的最优进入模式无法实现。

3. 资源基础理论

资源基础理论主要探讨企业所拥有的资源对企业发展的影响,该理论起始于20世纪80年代。Barney(1991)提出企业拥有"资源"后,便可以获得持续的竞争优势,这些企业资源应该是有价值的、稀缺的、不可复制的、不能被取代的。Sharma & Erramilli(2004)认为每个企业都是独特的,而这种独特正是来自它所拥有的资源、它和资源的兼容性以及这些资源配置使用的方式。这种"资源"包括企业所有的资产和能力,具体来说包括企业独特的竞争能力、技术、企业文化、顾客忠诚度、商标、机器、工艺和流程、市场导向、拥有的关系资源和无形资产(Reed & Defillippi, 1990; Hunt & Morgan, 1995; Srivastava et al, 1998)。

从资源基础观的视角来看进入模式,企业的资源和能力决定着其进入模式的决策情况,如组织结构、企业规模、国际经验、R&D等(陈怀超、陈安,2014)。企业在考虑进入模式时,要充分考虑企业的资源、能力以及国际化经验的影响(Aulakh & Kotabe, 1997; Madhok, 1998)。在一般情况下,规模较大并且有着丰富经验的企业在对外投资中,会面临较少的资源限制,更愿意选择资源承诺较大的进入模式(比如独资或多数股权)进入目标市场(Madhok,1998)。

3.5 本章小结

本章主要介绍了国际化理论、市场选择理论和进入模式理论,完成本书主要的理论综述部分。国际化理论主要涵盖国际化内涵和国际化动机,即分别回答了什么是国际化和企业"走出去"的原因。目标市场选择理论主流学说主要包括折衷理论、国家整体吸引力理论和制度理论。在进入模式理论综述部分,本书完成了进入模式的定义和分类,提出了适合工程行业的进入模式应该包括合同模式和投资模式两大类,此外重点介绍了折衷理论、制度理论和资源基础理论。

第四章 中国高铁承包商国际化程度实证研究

国际化的测度通常围绕两个方面进行，即国际化的模式和国际化的程度(Zahra et al, 2000)，国际化的模式和程度的决策是国际化程度中两个大的战略问题(Andersen, 1997)。国际化模式衡量的是企业将自身的运营活动扩张到国外市场的途径或者形式，而国际化程度表示的是企业经营活动跨越边界进入海外市场的程度，它所代表的是企业海外市场的涉入情况(Hitt et al, 1997; Zahra et al, 2000)。以往的国际化程度常从不同的角度去衡量，如国际化程度、地理多样性、国际化多样化、国际扩张、全球化等，尽管表述方式存在差异，但是所涵盖的主体内容是相近的(Kirca et al, 2012)。

企业国际化程度与双元组织的关系是战略管理领域的热点研究问题，目前企业国际化与双元组织研究都获得了丰硕的成果，但是在中国高铁领域，这两者都处在起步阶段。外部快速变化的环境，是现代所有要进行国际化策略的企业需要面临的问题，同时也是双元组织理论实践的基础。

4.1 假设提出

4.1.1 影响国际化程度的关键因素

不论是选择“跨越式”的国际化程度，还是选择按部就班的“渐进式”的国际化程度，都是代表企业在国际化发展时所采取的不同的发展策略。因此，国际化程度策略就是指承包商根据自身的能力、行业的特点，判断自身所需采取的发展策略，例如投入到发展国际化的资源数量，承包商内部资源分配方式等。不同的国际化程度策略往往会将承包商引向不同的发展方向，合适的国际化程度策略将使承包商获得最有利的国际竞争优势，使得企业在更大的舞台和空间发挥自身的技术、产品、服务的优势，从而使企业国际化利润最大化。反之，错误的国际化程度策略将会使承包商无法量力而为，导致自身陷入无法解决的经营困境中，从而影响自身已有的较成功的产品区域或利润，由此带来的负担与危险很可能令企业无法承担。同时，过快的国际化发展策略也有可能使得承包商在遭遇突发状况时缺乏足够的应付能力，进而无法获得全部的潜在海外收益，甚至是深陷泥潭。

国际化虽然能够使企业的内部资源和能力应用于国际市场，并使得资源和能力的应用获得更大范围的经济效应(Kogut, 1985)，但是随着市场边界的不断扩张，承包商国际化程度的不断加深，承包商面对的国际市场变化也就更为迅速，遭遇的竞争环境也会更为复杂，需要与之抗衡的竞争对手也会更加强大。这就使得承包商往往没有足够的资源同时进行探索行为和开发行为，进而无法既从现有的资源和能力中获得收益，又不断创新出新的能力与竞争优势。这时，承包商的探索行为和开发行为对于企业资源的抢夺，尤其是企业稀有资源的抢夺尤为明显(Cao et al, 2009)。虽然有些学者通过不同的方式去定义和描述探索行为和开发行为(Gupta et al, 2006)，并认为同时拥有高水平的探索行为和开发行为是一个企业应当着重强调的能力(Beckman, 2006; Lubatkin et al, 2006)，但是几乎不可能做到将探索行为和开发行为管理到一个最为恰当的平衡的程度。这也就说明企业很难既在探索行为上有新的发现，又在开发行为上充分利用。从这一背景出发，我们将双元组织行为作为中国高铁承包商国际化程度的自变量，讨论承包商双元组织行为对其国际化程度的影响。

中国高铁"走出去"不仅是中国高铁承包商的企业行为，更是中国政府积极参与世界经济复兴的善举。故在本书中，通过探讨探索行为与开发行为对中国高铁承包商国际化程度的影响，帮助中国高铁承包商明确适合自身的、适合环境的、适合国际化程度的双元组织行为，并以此帮助中国高铁承包商制定在进行国际化时需要如何正确处理资源分配的策略。

4.1.2　双元组织行为与企业国际化程度

1. 探索行为对企业国际化程度的影响

成功的管理者通常都会利用双元组织策略来减轻全球竞争的复杂性对国际化成功的影响(Lee et al, 2007; Stettner & Lavie, 2014)。双元组织的两面——探索和开发——相结合能够明显提升企业的绩效，尤其能够促进企业在国际上的表现。特别是对一些易受国际竞争复杂性影响的企业和国际经验较缺乏的企业，实施双元组织策略能够明显提升企业应对国际事务的能力(Tallman & Fladmoe-Lindguist, 2002; Chia-Wen H et al, 2013; Mihalache & Jansen,2014)。采取双元组织的策略，有助于企业在国际化竞争中的存活与发展，并以此获得竞争优势(Prange & Verdier, 2011; Hill & Brikinshaw, 2014)。双元组织策略和行为能够使得企业在国际化竞争中减少国际扩张风险，降低全球化带来的责任，最终使得全球化利益最大化(Chia-Wen H et al, 2013)。

企业开展国际化时，面临来自竞争对手、技术更新、政策变化等各方面更大的压力和变化。原有的知识、经验、技术、享有的政策可能很快会过时，甚至失效，不能帮助企业赢得国际市场的竞争优势。要想在国际竞争中获得长期竞争优势，就得注重对新的竞争优势的发掘和创造。为获得新的竞争优势，企业将对竞争对手进行全新的研究以获取更多的信息，并对自有技术进行更新，一方面提高劳动生产率，另一方面则是为了获取更多的创新绩效。虽然知识和信息可以同时被运用在探索和开发两个行为上，但是对一些通过外部途径获得的资源的争夺就比较强烈了。在追逐新信息、新产品、新能力的过程中，企业根据不同的复杂资源的组合以及发展策略倾向，主张采取探索行为的企业就会将稀缺资源投入到企业的探索行为中。将资源更多地投入到探索行为的企业往往会采取灵活性战略，灵活性战略的形成和演进超出了当前战略的范围，它又会导致新的组织能力的诞生，这是一种能力建设活动的能力(Burgelman, 2002)。在这种新能力建设完成后，又将使企业在新的国际化竞争环境中获得新的竞争优势，从而促进企业在国际化上的表现。采取这种战略的企业往往更愿意参与到国际竞争中，不断变化的国际竞争环境使得企业利益最大化(Auh & Menguc, 2005; Ebben & Johnson, 2005;沈鲸,2011)，由此提出第一个假设。

假设1(H1)：中国高铁承包商的探索行为对其国际化程度为正向影响。

2. 开发行为对企业国际化程度的影响

开发行为指的是提高效率、复制、选择、实施的行为，通过开发活动，企业将自己现有的知识运用于自己已有的领域，并通过传统惯例和经营行为的沿袭来增强组织的可靠性与稳定性。

当企业处于母国内相对稳定的环境中时，企业的战略资源分配、核心能力的培养、竞争对手的压力、行业更新的速度都较为稳定。企业的探索行为和开发行为对于资源的抢夺就不那么明显。企业面对来自竞争对手、政策变化、技术更新等各方面的压力和变化就会小很多，原来拥有的知识、经验、技术、优惠的政策可能足够帮助企业获得很好的利润，这就使得企业不需要冒险投入资源到探索行为中，这时企业往往会转而将企业资源投入到开发行为中，拓展组织已有的知识和技能，改善已有设计，并提高已有产品和服务的性能，提升已有的销售渠道的效率。这些对已知的技能、流程、知识和结构的加强，使得企业短期的利益最大化。这一类企业由于现有的资源能够提供很好的利益，所以往往采取更为保守的效率性战略。这些企业在面对新的市场机遇时，他们有时宁可在早已十分拥挤的产业领域中谋求发展、提高效率，也不愿在新领域中突破自我(马建威、林灵，2010)。他们在面对已知的市场和环境时会不遗余力地实现利益最大化，但是当面对不确定性极高、环境复杂多变、竞争对手强大的国际市场时，却抱有天然的畏惧，而不愿意投入其中（Auh & Menguc，2005；Ebben & Johnson，2005；沈鲸，2011），由此提出第二个假设。

假设 2(H2)：中国高铁承包商的开发行为对其国际化程度为负向影响。

4.2　模型构建与分析

4.2.1　模型框架构建

根据上述的假设，建立本书的关系模型，如图 4-1 所示。其中"＋"所在的箭头为假设 1，探讨了企业探索行为和国际化程度的关系；"－"所在的箭头为假设 2，探讨了企业开发行为和国际化程度的关系。"＋"表示正向作用，"－"表示负向作用。本书希望通过讨论企业双元组织行为对其国际化的影响，并依据此结果为中国高铁承包商的国际化程度提出相应的策略，帮助中国高铁承包商资源在企业内部进行合理配置，从而达到顺利在国际上扩张的目的。

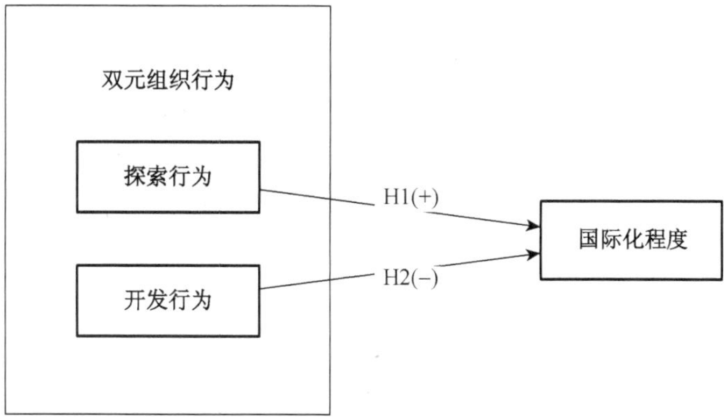

图 4-1　中国高铁承包商国际化程度模型

4.2.2　模型分析

Wooldridge(2003)指出计量经济学方法被广泛运用于假设验证，它基于统计方法的发展，用来检验计量关系、计量理论，评估和实施政府及商业政策。Lin(2009)在其博士论文中提出了多元线性回归分析的使用条件，本书亦采用该计量经济学方法来验证假设。

根据王业静、曾德明(2013)，闫春(2014)，张钢、陈佳乐(2014)等学者的研究，选取探索行为和开发行为作为本书的自变量。影响企业国际化程度的因素是复杂的、多样的，根据鲁桐（2000），万国顺、胡莎（2006），王方华等（2007），张葳竹（2010），吴晓波、周浩军（2011）等学者的研究，选取了公司年龄、公司规模、企业经济性质和国内生产总值作为控制变量。

根据假设，我们建立如下线性回归方程，如公式 4-1 所示。

$$INT = C + \beta_1 \times EXPLOR + \beta_2 \times EXPLOITA + \gamma_1 \times AGE + \gamma_2 \times SIZE + \gamma_3 \times GOV + \gamma_4 \times GDP + u \quad (4\text{-}1)$$

式中 INT（Internationalization）—— 因变量，代表企业国际化程度；

$EXPLOR$（Exploration）—— 自变量，代表企业探索行为；

$EXPLOITA$（Exploitation）—— 自变量，代表企业开发行为；

AGE—— 控制变量，代表企业的设立年限；

$SIZE$—— 控制变量，代表企业规模大小；

GOV（Government）—— 控制变量，代表企业公司类型，虚拟变量，国有企业为 1，非国有企业为 0；

GDP—— 控制变量，国内生产总值；

C—— 常数项；

β_1、β_2—— 两个自变量 $EXPLOR$ 和 $EXPLOITA$ 的系数；

γ_1、γ_2、γ_3、γ_4—— 四个控制变量 AGE、$SIZE$、GOV、GDP 的系数；

u—— 扰动变量。

4.3 研究对象与数据

4.3.1 研究对象

高铁建设价值链主要包含土建承包商、轨道建设承包商、车辆承包商和运营维护承包商等板块，本书所定义的高铁承包商是指广义的能够参与高铁建设的所有单位。由于政府对于高铁的高投入吸引了大量企业加入到高铁建设中去，所以国内高铁供应商在逐年增多，且基本涵盖高铁建设运营的各个领域。但是我们也发现了带 * ST 的股份，由于经营不善（* ST 国恒）、债务规模过大（* ST 数控）、国内产品竞争激烈（* ST 东力）等原因，即使在国内如火如荼的高铁建设光环下，也不是所有的企业都能分得一杯羹，取得预期的效益。面对竞争日益激烈的国内高铁市场，走出国门、走国际化路线或许会为企业的长远发展提供更多价值，也将从侧面助力企业在国内的竞争。

我国沪深股票交易市场中并未对高铁行业相关股票进行划分，根据同花顺金融网、华股财经网等金融机构对高铁概念板块的划分，确定了用于分析中国高铁承包商国际化程度与双元组织行为关系的样本。剔除因为资料不完整的数据，最后将 59 家参与高铁建设的上市公司作为研究样本，利用其 2010—2014 年相关财务数据，共计得到 231 组企业—年数据。表 4-1 为最终确定使用的样本企业名称，及其参与高铁建设运营提供的产品和服务。

表 4-1　统计样本及其产品/服务

序号	代码	名称	高铁相关产品/服务
1	000065	北方国际	车辆制造
2	000410	沈阳机床	通信检测系统
3	000425	徐工机械	高铁建设工程机械
4	000595	西北轴承	空心轴
5	000629	* ST 钒钛	钢轨
6	000708	大冶特钢	轴承钢
7	000825	太钢不锈	设备安装
8	000837	秦川发展	车轴磨床
9	000887	中鼎股份	减震橡胶
10	000898	鞍钢股份	钢轨
11	000967	上风高科	重型风机
12	000976	* ST 春晖	高铁配件
13	002046	轴研科技	轴承
14	002061	江山化工	铁路建设
15	002122	天马股份	高分子弹性元件、绝缘制品
16	002152	广电运通	AFCI(自动售票检验系统)
17	002161	远望谷	车辆自动识别治理铁路射频识别系统
18	002164	* ST 东力	信息电子设备
19	002248	* ST 数控	通信监测系统
20	002254	泰和新材	高铁内饰材料
21	002282	博深工具	刹车盘
22	002296	辉煌科技	铁路信号微机监测系统
23	002376	新北洋	中国铁路系统客票打印机供应商

续 表

序号	代码	名称	高铁相关产品/服务
24	002472	双环传动	高铁劢车传劢件
25	002480	新筑股份	橡胶支架
26	002501	利源精制	动车组、城轨地铁车辆
27	300041	回天胶业	高铁黏合剂
28	300062	中能电气	高铁专用电力远动箱式变电站
29	300082	奥克股份	高铁聚集羧酸减水剂
30	300200	高盟新材	高铁用聚氨酯胶黏剂
31	300320	海达股份	橡胶密封减震件
32	300351	永贵电器	信息管理控制系统
33	300411	金盾股份	风机、消声器、风阀等
34	600010	包钢股份	钢轨
35	600068	葛洲坝	高铁建设
36	600100	同方股份	客运服务系统
37	600169	太原重工	轴承、火车轮
38	600219	南山铝业	高速列车和地铁型材
39	600416	湘电股份	成套牵引电气设备和轻轨
40	600458	时代新材	桥梁橡胶支座、减震降噪原件
41	600495	晋西车轴	空心轴
42	600525	长园集团	电力电缆附件、建设机械
43	600580	卧龙电气	牵引变压器
44	600592	龙溪股份	轴承产品
45	600765	中航重工	液压泵
46	600808	马钢股份	高速铁路轴承
47	600820	隧道股份	高铁隧道施工
48	600967	北方创业	货运车辆
49	601002	晋亿实业	高铁紧固扣件
50	601186	中国铁建	轨道系列化产品的生产制造
51	601299	中国北车	动车组、城轨地铁车辆
52	601390	中国中铁	铁路铺轨工程
53	601668	中国建筑	高铁建设

续　表

序号	代码	名称	高铁相关产品/服务
54	601677	明泰铝业	轨道车辆生产
55	601766	中国南车	动车组、城轨地铁车辆
56	601800	中国交建	高铁建设
57	603100	川仪股份	自动控制系统装置及工程成套
58	603111	康尼机电	轨道交通装备制造
59	603969	银龙股份	铁路用混凝土制品

4.3.2　研究数据

本书所用样本共59家企业，都是中国高铁建设产业链上的相关承包商，包含土建相关承包商、轨道铺设相关承包商、车辆制造相关承包商及运营维护相关承包商。统计时间区间为2010—2014年，根据锐思数据库及各企业披露的年报收集相关数据。收集统计数据的范围包括：交易代码、公司名称、成立时间、企业性质、统计年限、资产总额（元）、营业收入（元）、营业成本（元）、海外营业收入（元）、利润总额（元）、研发投入（元）、企业职工总数、企业设立年限、数据当年国内生产总值等。

本书对于财务报表的搜集都由两个人完成，其中一人负责搜集原始数据，另一人负责检查数据正确与否，借由此种方法来避免因人为因素造成的统计误差，为回归分析结果的正确性与客观性提供保障。

4.4　国际化程度变量的衡量

4.4.1　因变量

根据以往学者对于国际化程度的衡量与研究，国际化程度表示企业经营活动跨越国家边界进入到不同的市场与区域的程度，它可以衡量企业海外市场的涉入程度，并且能够间接地反映出企业国际化程度所处的阶段与情况。对于国际化程度的衡量标准有很多，比如国际化程度、国际多样化、地理多样化、国际扩张、多国化、全球化等，目前大多数学者都是从运营绩效和运营结构角度来选取国际化的衡量标准，并用海外营业收入、海外营业收入占总收入的比重、海外资产占总资产的比重、海外员工数占总员工数的比重、海外分子公司的数量占所有分子公司数量的比重等来衡量企业的国际化（Zahra et al，2000；杨丽丽、赵进，2009；Chetty et al，

2014)。本书通过对已获得数据的整理,决定采用海外营业收入(OR)对企业国际化程度(INT)进行衡量,因海外营业收入数量级较自变量相差较大,故对其取对数处理。如下:

企业国际化 $$INT = \mathrm{LOG}(OR) \tag{4-2}$$

4.4.2 自变量

探索行为是指企业主动采取的寻求彻底的新变化,研发新技术、产品,开拓新市场的行为。组织中最能体现这种探索行为的数据就是研发投入,研发投入越高,说明企业对于探索行为的投入就越高,说明企业的行为越具有探索性(Baysinger et al, 1991; Cohen & Levinthal, 1990)。故本书选取研发投入(R&D)来衡量企业的探索性。开发行为是企业利用现有技术、产品、市场去获得最大化利润的行为。企业开发行为越多,则企业的运营效率就会提高,相应地就会越节约成本,最终企业的成本利润率就会越高(张钢、陈佳乐,2014)。故本书选取成本利润率(RPC)来代表企业开发性,即利润总额(TP)与营业成本(OC)的比值。企业开发行为越多,企业经营成本随之降低,运营效率就会越高,则企业的成本利润率就会越高。

综上所述,自变量企业的探索行为和开发行为分别由企业的研发投入和成本利润率来衡量,因两个自变量数量级相差较大,故对研发投入取对数处理作为自变量。计算方式如下:

企业探索性 $$EXPLOR = \mathrm{LOG}(R\&D) \tag{4-3}$$

企业开发性 $$EXPLOITA = RPC = TP/OC \tag{4-4}$$

4.4.3 控制变量

为确保本书所提出的关系在一个控制得更好的条件下得到检验,本书加入了一系列可能影响企业国际化的控制变量,包括企业年龄、企业规模、企业所有制的形式、当年的国内生产总值。企业年龄,即公司成立年限,以 AGE 表征,代表公司成立的自然数年限。企业规模,即企业职工总数,以 $SIZE$ 表征。企业所有制,用虚拟变量表示 GOV:若企业为国有控股企业,则 $GOV = 1$;若企业为非国有控股,则 $GOV = 0$。国内生产总值,因其数量级非常大也对其进行取对数处理,并以 GDP 表征。自变量、控制变量、因变量如表 4-2 所示。

表 4-2　变量代号及衡量方式

<table>
<tr><th colspan="2">因变量</th><th colspan="2">自变量</th><th colspan="2">控制变量</th></tr>
<tr><td rowspan="4">国际化程度 INT</td><td rowspan="4">海外营收取对数</td><td rowspan="2">探索行为 EXPLOR</td><td rowspan="2">研发投入取对数</td><td>公司年龄 AGE</td><td>公司成立年龄</td></tr>
<tr><td>公司规模 SIZE</td><td>职工总数</td></tr>
<tr><td rowspan="2">开发行为 EXPLOITA</td><td rowspan="2">成本利润率</td><td>国有控股 GOV</td><td>国有控股企业取 1,非国有控股企业取 0</td></tr>
<tr><td>国内生产总值 GDP</td><td>样本当年国内生产总值取对数</td></tr>
</table>

4.4.4　回归方程

利用上述变量,建立如下回归模型:

Model 1: $INT = C + \gamma_1 \times AGE + \gamma_2 \times SIZE + \gamma_3 \times GOV + \gamma_4 \times GDP + u$

Model 2: $INT = C + \beta_2 \times EXPLOITA + \gamma_1 \times AGE + \gamma_2 \times SIZE + \gamma_3 \times GOV + \gamma_4 \times GDP + u$

Model 3: $INT = C + \beta_1 \times EXPLOR + \gamma_1 \times AGE + \gamma_2 \times SIZE + \gamma_3 \times GOV + \gamma_4 \times GDP + u$

Model 4: $INT = C + \beta_1 \times EXPLOR + \beta_2 \times EXPLOITA + u$

Model 5: $INT = C + \beta_1 \times EXPLOR + \beta_2 \times EXPLOITA + \gamma_1 \times AGE + \gamma_2 \times SIZE + \gamma_3 \times GOV + \gamma_4 \times GDP + u$

其中,Model 2、Model 4、Model 5 主要是针对探索行为对国际化的影响而进行的回归分析,Model 3、Model 4、Model 5 主要是针对开发行为对国际化的影响而进行的回归分析。而 Model 1 主要是用来说明控制变量对因变量在本组数据中所产生的影响。

4.5　回归结果

表 4-3 反映了各研究样本 2010—2014 年各个变量之间的相关关系。各个变量除了 *INT* 和 *EXPLOR*、*INT* 和 *SIZE*、*INT* 和 *GOV*、*EXPLOR* 和 *SIZE* 之间的相关系数大于 0.5,且显著相关,其余各变量之间的相关系数均小于 0.5。故再次对各组变量进行方差膨胀因子(*VIF*)检验,测得各组变量的 *VIF* 值均小于 5,说明各组变量之间不存在共线性,结果如表 4-3、表 4-4 所示。

表 4-3　国际化程度策略全样本回归变量的均值和相关系数

	Mean	*Std. Dev.*	*INT*	*EXPLOR*	*EXPLOITA*	*AGE*	*SIZE*	*GOV*	*GDP*
INT[c]	8.439	1.162	1						
EXPLOR[c]	8.045	0.794	0.632**	1					
EXPLOITA	0.124	0.206	−0.273	−0.146	1				
AGE	13.519	5.094	−0.089	−0.137	−0.060	1			
SIZE	22 887	55 549	0.564**	0.684**	−0.152	−0.427	1		
GOV[b]	0.558	0.498	0.574**	0.494	−0.197	0.053	0.329	1	
GDP[c]	13.736	0.060	0.121	0.213	−0.211	0.240	0.062	0.050	1

注：$n=231$；b代表虚拟变量；c代表取对数；** 表示在 0.01 水平（双侧）上显著相关；* 表示在 0.05 水平（双侧）上显著相关

表 4-4　国际化程度策略变量之间相关性 ***VIF*** 值检验

模型	非标准化系数		标准系数	*t*	*Sig.*	共线性统计量	
	B	标准误差	试用版			容差	*VIF*
（常量）	6.641	13.071		0.508	0.612		
EXPLOR[c]	0.412	0.102	0.281	4.027	0	0.42	2.382
EXPLOITA	−0.719	0.268	−0.128	−2.688	0.008	0.908	1.101
AGE	0.009	0.012	0.039	0.727	0.468	0.699	1.431
SIZE	0.750	0.125	0.321	5.989	0	0.713	1.403
GOV[b]	5.53E−06	0	0.264	3.754	0	0.413	2.423
GDP[c]	−0.152	0.965	−0.008	−0.158	0.875	0.839	1.192

注：因变量：*INT*

利用 EViews 软件做多元线性回归，其中 Model 1 只对控制变量 *AGE*、*SIZE*、*GOV*、*GDP* 和因变量进行回归分析。Model 2 是以 *EXPLOITA* 为基础，对 *EXPLOR*、*AGE*、*SIZE*、*GOV*、*GDP* 和因变量进行回归分析。Model 3 是以 *EXPLOR* 为基础，对 *EXPLOITA*、*AGE*、*SIZE*、*GOV*、*GDP* 和因变量进行回归分析。Model 4 只对自变量 *EXPLOR*、*EXPLOITA* 和因变量进行回归分析。Model 5 是综合 *EXPLOR* 和 *EXPLOITA* 同时作用于因变量，并在控制变量的影响下所做的回归分析。结果如表 4-5 所示。

表 4-5　因变量 *INT* 多元回归分析结果

变量	Model 1	Model 2	Model 3	Model 4	Model 5
AGE	0.016	0.011	0.014		0.009
SIZE	9.46E−06***	5.99E−06***	9.18E−06***		5.53E−06***
GOV[a]	0.977***	0.801***	0.938***		0.750***
GDP	1.087	0.335	0.673		−0.152
EXPLOR		0.395***		0.886***	0.412***
EXPLOITA			−0.655**	−1.039***	−0.719***
R^2	0.496	0.527	0.508	0.433	0.541
Adj R^2	0.487	0.516	0.497	0.428	0.529
F	55.590	50.066	46.509	86.970	44.080

注：$n=231$；a 代表虚拟变量；* $p<0.10$；** $p<0.05$；*** $p<0.01$（双尾）

4.5.1　探索行为对国际化程度的影响

对于 Model 2，以 *INT* 对 *EXPLOR* 回归，得到 *EXPLOR* 的系数是 0.395，其 *P* 值小于 1%，表明企业研发投入对企业国际化程度有正向影响，且在 1%的水平上显著，即企业每增加 1%的研发投入，将增加 0.395%的海外营业收入。对于 Model 4，以 *INT* 对 *EXPLOR* 回归，得到 *EXPLOR* 的系数是 0.886，其 *P* 值小于 1%，得出与 Model 2 相同的结论，即企业每增加 1%的研发投入，将增加 0.886%的海外营业收入。对于 Model 5，以 *INT* 对 *EXPLOR* 和 *EXPLOITA* 回归，得到 *EXPLOR* 的系数是 0.412，其 *P* 值小于 1%，这一结论同样在 1%的水平上显著，即企业每增加 1%的研发投入，将增加 0.412%的海外营业收入。由于 Model 4 并没有把控制变量放在模型中一并进行回归分析，间接地放大了自变量对因变量的影响，所得到的系数较其他模型更大。

从这三个模型回归的结果来看，企业增加探索行为的投入，将正向影响企业的国际化程度，与假设 1 所叙述内容一致。此外，Model 2、Model 4、Model 5 的 Adj R^2 分别为 0.516、0.428 和 0.529，说明在各自的模型中这些变量对因变量的解释力为 51.6%、42.8%和 52.9%。企业的探索活动使得技术创新与变革成为企业的核心竞争力。从实证分析的结果来看，中国高铁承包商加大探索行为的投入的确能够有助于其在国际市场上的拓展。

4.5.2　开发行为对国际化程度的影响

对于 Model 3，以 *INT* 对 *EXPLOITA* 回归，得到 *EXPLOITA* 的系数是

−0.655，其 *P* 值小于 5%，该系数前的负号表明企业成本利润率越高，企业国际化程度也就越低，即企业每提高 1%的成本利润率，将降低 0.655%的海外营业收入，且这一结论在 5%的水平上显著。对于 Model 4，以 *INT* 对 *EXPLOITA* 回归，得到 *EXPLOITA* 的系数是−1.039，其 *P* 值小于 1%，得出与 Model 3 相同的结论，即企业每提高 1%的成本利润率，将降低 1.039%的海外营业收入。对于 Model 5，以 *INT* 对 *EXPLOITA* 回归，得到 *EXPLOITA* 的系数是−0.719，其 *P* 值同样小于 1%，即企业每提高 1%的成本利润率，将减少 0.719%的海外营业收入。与自变量 *EXPLOR* 一样，在 Model 4 中并没有把控制变量放在模型中一并进行回归分析，间接地放大了自变量对因变量的影响，所得到的系数较其他模型更大。

从三个模型回归的结果来看，企业成本利润率越高，则海外营业收入越少，呈现一个负向关系。企业的开发行为最终体现在企业运营效率的提高和成本的节约，也就是企业的成本利润率越高，企业的开发行为越好。那么，关于 *INT* 对 *EXPLOITA* 的负向相关结论就可以总结为，企业的开发行为越好，企业的成本利润率越高，则企业的国际化程度越低。这也与假设 2 所述的内容是一致的。此外，Model 3、Model 4、Model 5 的 Adj R^2 分别为 0.497、0.428 和 0.529，说明在各自的模型中，这些变量对因变量的解释力为 49.7%、42.8%和 52.9%。企业的开发活动使得企业能够在自己所熟悉的领域充分榨取价值，因此面对不确定性极高的国际市场，注重开发行为的企业就不那么愿意从事扩张等活动了。从实证分析的结果来看，注重开发行为的中国高铁承包商，就不愿意在国际市场上有所表现。

综上所述，根据回归结果，假设 1 和假设 2 都得到了验证(表 4-6)。

表 4-6　假设验证

数据样本	自变量	回归模型	与 *INT* 关系	结论
2010—2014 公司—年样本	*EXPLOR*	Model 2	+	*EXPLOR* 正向影响 *INT* 与假设 1 一致
		Model 4	+	
		Model 5	+	
	EXPLOITA	Model 3	−	*EXPLOITA* 负向影响 *INT* 与假设 2 一致
		Model 4	−	
		Model 5	−	

4.5.3　其他影响

通过对回归结果的认真分析，我们还观察到控制变量公司规模 *SIZE* 和企业经济性质 *GOV* 两个变量对因变量 *INT* 始终保持一个显著的正向的回归结果。由此我们可以推出，在中国高铁承包商中，规模大的承包商要比规模小的承包商国际化程度更高；具有国有企业背景的高铁承包商在国际化的程度上要好于民营企业背景的高铁承包商。

这两个结论也是与中国高铁“走出去”的现状相符的。中国高铁“走出去”基本实行的都是“抱团出海”的策略，由大的中国高铁承包商牵头，数家高铁承包商组成联营体，在海外高铁建设项目上进行投标、施工、运营。而一些小的配件和耗材供应商则是配合这些大的承包商而参与到高铁建设中，所占比例有限。所以我们可以得出，规模大的承包商要比规模小的承包商国际化程度高的结论。另外，国内高铁如火如荼的建设中，许多高铁相关的配件和耗材都是由一些新兴的民营企业提供的。由于产能有限，他们连国内的市场都做不完，很难再有精力从事国际市场的拓展，故知名营企业在国际化上的表现几乎都不尽如人意。相反，国有企业尤其是中国高铁走出去的牵头企业，他们不仅肩负着国内高铁的建设，更肩负着中国高铁“走出去”的重任，作为国之骄子，他们必须认真贯彻落实中国高铁“走出去”的各项规划，作为中国领导人在国际上推销中国高铁的坚强后盾。所以，中国高铁承包商中国有企业的国际化明显好于非国有企业。

4.6　中国高铁承包商国际化程度的策略

1. 中国高铁承包商加强探索行为有助于其国际化程度的提高

绝大多数人都认为中国高速铁路起源于2004年以来的技术引进，却很少有人知道，中国第一条高铁是1999年开工并于2003年建成的秦沈客专。中国高铁关于动车组的研发制造就更早了，早期的“蓝箭”“中原之星”“中华之星”等车型在当时都是赫赫有名的。不可否认，自2004年中国引进国外高铁技术以来，使得中国高铁汇集百家，站在巨人的肩膀上，获得了较高的起点。但是技术能够引进，高铁研发能力却不能引进，与国际一流高铁承包商相比，中国高铁没有此前几十年的研发经历和技术累积，就算是引进了高铁技术，也难有大作为。不仅如此，当中国高铁想要走向世界时，国外一流高铁承包商为了保护自身利益，拿出了技术使用、专利保护、高价采购等一系列方式来阻挠中国高铁走出去。此时，中国高铁只有尽可能地摆脱国外技术的束缚，才能够自由地参与到国际竞争中。

企业的探索活动是通过试验、冒险、创新等一系列行为，使得企业获得新技术、发现新产品、得到新的流程或生产方式的过程。企业技术创新与变革是企业获得竞争力的重要途径。虽然在企业的发展过程中会演变出时间跨度相对较长的渐进式技术变革,企业通过无数次渐进式的技术变革可以改善已有产品和技术,提高企业的规模与效益,但是在环境变化快速且复杂的国际市场,渐进式的变革往往不能够满足企业在国际市场上的生存需要,这时企业就需要通过加强探索行为来获得突破性的技术提升。这种在不确定环境下的生存压力迫使企业实现探索性技术突破的行为,已在很多行业被证实是能够给企业带来商业机会的。

结合以上内容,我们不难看出国际高铁竞争市场是一个变化迅速、关系复杂、对手强大的环境,能够影响国际高铁建设的因素有很多,随着中国高铁承包商国际化程度的不断加深和国际高铁建设参与程度的增加,企业将面临变化更为迅速、关系更为复杂、竞争对手更为强大的市场环境。在这种情况下,原有的知识和政策可能很快会贬值、过时,甚至失效,这就逼迫企业不得不向新知识、新科技、新市场、新的组织形式进行转变(海本禄,2012)。这是市场和技术变革的机会,它赋予了企业对新方向的追求,也是国际环境给予企业提高、发展的机遇。这就意味着企业应当加大对探索行为的投入,将企业的优质资源投入到对国际市场变化的应对中,或是提升自己,或是追求新优势。根据不断变化的市场要求来调整既有的经营活动,持续地推出新产品和新服务以赢得市场份额,或是将自己的产品和服务扩张给更广大的新客户和新市场,并在这个过程中进一步提升自己的国际化程度。

中国高铁现阶段取得如此的成绩,无论在国内还是在国外都是深受肯定的。这离不开中国在高铁上自主创新的发展模式,即我们引以骄傲的"中国高铁模式":立足全球化,利用国际先进成果,引进先进技术而不是闭门造车,学习国际先进的高速铁路技术;立足自主化,汇集各国高铁的技术以及能力为自己所用,最终实现高铁技术的吸收与再创新,打造出世界上独一无二的高铁技术体系,削弱了发达国家对高铁技术的控制,更摆脱了我们对国外高铁技术的依赖。这也是中国高铁能够走出国门的基础,也将是中国高铁承包商走向世界的前提。

据此,我们为中国高铁承包商提出第一条国际化程度策略:加强在企业探索行为的投入,尽早摆脱国际一流高铁承包商的技术束缚,坚定不移地走可持续发展的道路。

2. 中国高铁承包商越注重开发行为,国际化程度就越低

"中国高铁模式"的成功至少包含以下三个原因:① 品牌自主化,尤其是中国高铁在动车组方面已经实现了核心技术自主知识产权;② 国内市场巨大,且仍然积极开拓国际市场;③ 产业链完整,不光是高铁产品实现了突破,还带动了上下游产业链的发展与技术的变革。在这样成功的模式和国内高铁建设浪潮的带动下,许多中小型高铁承包商都得到了快速的发展。这些企业涵盖的范围很广,有生产高铁高效能电机的,有生产有机高铁轨道密封胶的,有关于高铁机械传动技术革新

的。他们虽然在国内高铁建设领域逐渐成为了各自行业的领头企业，但是与国际上各自行业的一流高铁承包商相比，仍然存在很大的差距，甚至说都不具备与其竞争的实力。想要改变这样的现状不是单靠一次技术革新，或是一次正面竞争就可以实现的，需要对比国际一流承包商寻找差距，脚踏实地地提升企业的综合实力，最终实现在国际上的扩张。

企业的开发活动是对已有的知识和技能的拓宽，对已有设计的改善，对已有效率的提高，并以此来实现组织的稳定性与可靠性，最终实现企业对所有潜在利益的获得。由于国际化是一个复杂的过程，企业进行国际化的扩张需要承受来自各方的竞争，尤其当自身实力不足以应付这些竞争时，就会给企业带来风险和损失，这与企业获得利润的天性背道而驰。当企业不能够承受这样的风险时，必然会降低对国际市场的参与程度。因此，中国高铁承包商的开发行为越多，其国际化程度就越低。这一结论在前文的实证分析中也得到了证明，表 4-5 中企业开发行为与企业国际化程度呈现显著负相关关系，且这种负相关关系也几乎不随着控制变量的加入而有显著变化。

企业的开发行为是企业天生的行为，每一个企业都在追求目标，这是企业最日常、最基本的行为。中国高铁虽然发展迅速，但是跟国际一流承包商相比还是缺乏竞争优势。尤其是高铁配件、材料等方面，我国企业在产品种类、质量、专利、技术含量与国际一流制造商、供应商存在较大差距。本书所选取的样本中很多都是新进上市的公司，这些公司借助国内高铁如火如荼建设的东风，迅速扩大企业规模，获得了丰厚的利润。虽然他们也参与到国际竞争中，但是与之相比较，国内的市场更具有吸引力。熟悉的市场、软弱的竞争对手、自身领先的技术优势等，这一切有利条件都使得企业愿意将更多的精力放在降低成本、维护现有市场和客户、高效利用现有技术上，并以此来获取更多价值。我们不是要否定这样的发展模式，相反我们要赞同这种模式。国际化策略不是一蹴而就的战略，也不是一时冲动就能实施的战略。它需要长久的准备，精心的策划，细致周密的实施，而这一切的基础在于企业有足够调用的资源去实现。那么，这些资源从何而来？这就是企业开发行为的目的。在国内高铁发展高潮时期，多积攒资本和资源，多积累经验，待到国际高铁发展高潮时期到来时，可以将更多的企业资源投入到国际高铁建设中去。待到那时，丰富的高水平的中国高铁建设项目成功的业绩将助力企业走向国际高铁建设市场，增加企业走出去的信心，增强企业抗击国际化风险的能力。

据此，我们得出第二条关于中国高铁承包商国际化的进程策略：中国高铁承包商，尤其是中小型承包商，应加大开发行为的投入，在提高企业利润率的同时，多积攒资本、资源和经验，为投身到即将到来的国际高铁建设浪潮中做好准备，这也是一些较小的中国高铁承包商全面进军国际化前的实力积攒的必经之路。

4.7 本章小结

本书以沪深上市的高铁相关企业为研究样本，利用锐思数据库披露的2010—2014年的财务报表，提取相关数据，借助EVeiws软件进行回归模型分析。得到如下的结论：

(1) 假设1得到验证，中国高铁承包商加强探索行为有助于国际化程度的提高。

(2) 假设2得到验证，中国高铁承包商越注重开发行为，国际化程度就越低。

在通过对回归结论的深入推导中，我们给出了两条关于中国高铁承包商国际化程度的策略：

(1) 加强在企业探索行为的投入，尽早摆脱国际一流高铁承包商的技术束缚，坚定不移地走可持续发展的道路，这有助于其国际化程度的提高。

(2) 中国高铁承包商，尤其是中小型承包商，应加大开发行为的投入，在提高企业利润率的同时，多积攒资本、资源和经验，为投身到即将到来的国际高铁建设浪潮中做好准备。

第五章 中国高铁承包商市场选择实证研究

本章主要阐述了地理距离、文化距离、制度距离和贸易联系对目标市场选择的具体影响,并进一步提出假设,构架模型框架并通过实证分析验证假设的成立情况。

5.1 市场选择影响因素

通过回顾市场选择理论可以发现,折衷理论、国家整体吸引力理论和制度理论从不同的视角探讨了市场选择因素问题,当中的因素有重叠交叉部分,也有不同的部分。市场选择是一个多种因素共同施加影响的过程。

地理距离在国际目标市场选择的研究中依然扮演着重要的角色。Ghemawat(2001)认为同目标国的地理距离越远,投资者会发现越难在目标国做生意,地理距离的增加很明显会带动交通成本的提升,地理距离也会影响无形货物和服务业交易的成本。基础设施建设需要大量的砂石钢材等建筑材料,而这些材料拥有较低的值重比(价值/重量),因此地理距离的增加会降低投资者的投资热情,尤其在交通基础设施领域(范宇峰,2013)。

文化差异的程度将影响东道主对投资者的吸引力大小。两个国家生活习惯、宗教信仰、社会价值、民族习俗、语言等方面的不同会导致文化距离的产生,文化距离对国际贸易产生较强的不利影响(范宇峰,2013)。在同等条件下,拥有同种语言的两个国家的贸易额将是两个未有同种语言国家贸易额的三倍(Ghemawat,2001)。在做目标市场选择时,与中国文化距离最小的东道主国家是最具有优势的,即在语言、社会价值观和文化层面更接近的国家,中国企业更倾向于选择进入(余承萱,2010)。

两个国家的制度差异水平将决定着进入者所面对的风险和成本的大小。在跨国公司的国际化相关研究中,东道主—母国层面的制度距离因素变得尤为关键和重要(石鸟云,2012)。契约保证、司法仲裁机制等管制制度的迥异将增大海外投资者所面对的风险(Henisz,2003),进而会给进入企业的正常的商业经营活动增加经营风险和交易成本,最终导致双方交涉失败概率的增加(刘晶,2012)。

两个国家贸易联系的紧密程度不仅反映两个国家整体关系的情况,也具体反映两个国家的经济是否具有良好的互补性和文化间的认同感。频繁的贸易联系,可以促使承包商形成规模经济,进而在总体上节约成本,提高利润率。大量的贸易往来和频繁的人员交流可以促进文化的交融和对东道主政府机构办事风格、习惯的熟悉,进而减少正常贸易中的不确定性带来的风险。何本芳、张祥(2009)在探讨贸易联系和我国企业对外直接投资的关系时发现,我国企业在选择投资区位时,会首先选择同中国双边贸易量大的国家或地区。

本书共提炼出四个影响因素,这些因素可以从折衷理论、国家整体吸引力理论和制度理论中找到相对应的文献佐证。具体来看,四个影响承包商市场选择的因素依次是:

(1) 地理距离(折衷理论)

(2) 文化距离(制度理论)

(3) 制度距离(制度理论)

(4) 贸易联系(折衷理论、国家整体吸引力理论)

5.2 假设提出

针对上节提出的四个市场选择影响因素展开具体讨论,提出地理距离、文化距离、制度距离和贸易联系四个因素对中国高铁承包商市场选择的理论假设。

5.2.1 地理距离对市场选择的影响

目标国所处的地理位置决定了目标国同中国的地理距离的远近,而地理距离的远近会影响承包商成本的增加。

地理距离对市场选择的影响包括对交通运输成本的影响。工程承包市场需要大量的建筑材料,包括沙子水泥钢材等,当东道主缺乏这些建筑材料时便需要从第三方市场购买或者从我国运输这些建筑材料和施工机械。水泥、钢铁等低值重比的产品需要更加考虑地理距离对贸易的影响(范宇峰,2013)。除了运输成本之外,信息的传输成本也首先取决于地理距离和使用的交流途径,尽管一些信息可以便利地通过电子邮箱或光缆传输,但在商事活动中,面对面的交流也是不可避免的(Carlson, 1974)。

中国逐渐成为最大的资本输出国之一，2011 年输出金额为 746.5 亿美元，与中国相邻的地区一直是中国企业投资的主要选择区域(张吉鹏、衣长军，2014)。肖慧敏、刘辉煌(2012)认为企业在初次投资时，在考虑自身生产率高低和抵抗风险能力的基础上应该优先进入地理临近的国际市场。汪旭晖(2007)在研究 1996 年英国知名跨国零售商的海外市场开拓时发现，接近 60%的零售商选择同在欧洲范围的国家开设店铺，并通过实证分析得出地理距离对海外市场的选择有显著的影响。万伦来、高翔(2014)利用中国与 32 个国家和地区的进出口贸易额，探究了地理因素对两国贸易额的影响，发现两国地理距离的大小与中国同东道主的进出口贸易额成负相关，实证得出地理距离阻碍着两个国家的进出口贸易。刘梦玮(2010)在探讨中国香港零售企业的国际目标市场选择时发现，零售企业更愿意去地理位置上接近的国家。基于以上关于地理距离的论述，提出以下假设。

假设 3(H3)：目标国同中国地理位置越近，中国高铁承包商越倾向于进入该目标国。

5.2.2 文化距离对市场选择的影响

每个国家都具有独特的文化内涵，文化在国际交往中、经济贸易和交流沟通中起着极大的作用并拥有重要的影响力(万伦来、高翔，2014)。文化距离小意味着人们在沟通和交流的过程中会采取相似或相近的方式，于是可以降低矛盾和冲突的发生(张吉鹏、衣长军，2014)。严皓等(2014)以中国香港、日本、新加坡、美国、英国、德国六个国家和地区为研究对象，通过实证分析得出两国文化距离越大，对该国的白酒出口量就越少。

文化距离的影响是多方面的。在投资市场，文化距离引起的差异性会使有技术禀赋的东道主丧失吸引力(张吉鹏、衣长军，2014)。在零售市场，文化距离阻碍着英国跨国零售商在文化距离大的东道主国家选择分店(汪旭晖，2007)。在文化产品市场，Ellis(2007)以中国香港、上海、西安三个城市的企业为研究对象，发现文化距离的增加会造成市场主体交易和沟通的困难，进而导致国际交易的不顺畅。基于以上论述，文化距离的加大会阻碍两国之间的正常贸易活动，因此提出以下假设。

假设 4(H4)：目标国和中国的文化距离越小，中国高铁承包商越倾向于进入该目标市场。

5.2.3 制度距离对市场选择的影响

制度包含一个国家的法律体系、规章制度、贸易政策等规范性体系。制度质量则从绝对量上对一个国家制度的好坏做出评价，制度质量高则意味着该国的治理方式、治理手段和治理理念取得了良好的治理效果。制度距离表示两个国家制度之间的差异程度，制度距离大则表明了两个国家制度水平和环境有着显著的差异，同时社会公众的行为相似度也就相对越小（谢孟军，2014）。

进入国际市场的企业需要凭借东道主的法律制度、国家机构行事方式来维护自己的经营活动，而制度方面的差异则为跨国企业的经营增加了障碍和风险。东道主国家和母国的制度差异大，双方交涉时失败的概率就会加大，进而增加了跨国进行商业活动的经营风险和成本（刘晶，2012）。Henisz（2003）认为，跨国公司需要面对两国由于契约保证、司法仲裁机制等管制制度差异所产生的风险。

Habib & Zurawicki（2002）认为，不仅要考虑目标国的制度本身，还要考虑目标国和母国之间的制度差异（即制度距离）。跨国公司为了规避风险，更倾向于投资制度距离更近的国家。Xu & Shenkar（2002）在研究跨国公司的经营行为时发现，有着长期全球战略的跨国公司更倾向于进入制度距离较小的市场，而随着目标国和母国之间制度距离的增大，公司海外的固定经营成本就会随着增加。综上所述，两国的制度距离影响着企业对目标市场的选择，由此提出以下假设。

假设 5（H5）：目标国—中国之间的制度距离越小，中国高铁承包商则更愿意进入该目标市场。

5.2.4 贸易联系对市场选择的影响

一般而言，两个国家有着紧密贸易联系可以说明几个方面的问题：一是两国政府和民间有着不错的关系，政府间大量合作协议的提出和友好的民间交往往往可以带来两国贸易的繁荣；二是两国的经济结构可以互补，进行正常的贸易活动对彼此都是双赢的商业活动；三是双方政府之间会存在确保贸易正常进行的协调沟通机制和处理贸易争端的完备手段。

何本芳、张祥（2009）通过实证的方式发现我国企业在选择投资区位时，优先考虑与我国经济贸易量大的国家。频繁的贸易联系可以促使承包商形成规模经济，进而总体上节约成本，提高利润率。大量的贸易往来和频繁的人员交流可以促进文化的交融和对东道主政府机构办事风格、习惯的熟悉，进而减少正常贸易中的不确定性带来的风险。基于以上论述，提出以下假设。

假设 6（H6）：贸易联系紧密的目标国更具有吸引力，中国高铁承包商会更愿意进入该国市场。

5.3 构建市场选择模型

5.3.1 模型框架

基于上述四组假设，本书实证研究模型框架如图 5-1 所示。

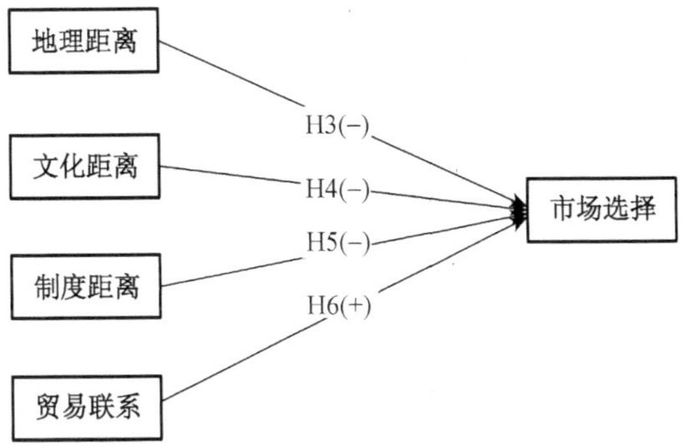

图 5-1　市场选择研究模型

5.3.2 模型构造及分析

在分析因变量和多个自变量的关系问题时，抛开其他因素而只考虑一个因素是不恰当的，这种研究某一个因变量和多个自变量之间的相互关系的理论和方法就是多元线性回归（孙艳玲等，2010）。为了探究目标市场选择和多因素的关系，Gripsrud & Benito(2005)、Sakarya et al(2007)、汪旭晖(2007)、Brewer(2007)、刘梦玮(2010)、陈德金(2011)、陈宇等(2012)利用多元线性回归的实证分析方法探讨了多种因素同目标市场选择的关系，丰富了国际化理论，并为本书提供了借鉴。本书在提炼多种影响因素后，借助多元线性回归来验证因素对中国高铁承包商目标选择的影响。为了减少企业自身偏好对市场选择的影响，本书选取了包括地理距离、文化距离、制度距离、贸易联系、目标国的 GDP、目标国的政治稳定等宏观因素作为研究变量进行市场选择的回归分析。

除了地理距离、文化距离、制度距离和贸易联系外，通过综述前人的研究成果，本书发现目标国的 GDP 和目标国的政治稳定也会影响目标市场选择的概率。

在进行目标市场的选择时，目标国的经济发展水平是重要的考虑因素，目标国的经济水平越发达，目标市场所产生的吸引力就越大，中国出版集团倾向于选择

GDP较高或者经济水平发展较高的国际市场(陈德金,2011)。Alexander et al (2011)在研究零售商的市场选择中发现,东道主国家的经济越发达,购买力越强,市场吸引力也就越大。目标国经济发展水平较高,也就更有意愿和支付能力进行工程建设,提高基础设施水平。良好的经济发展状况也可以反映一个国家整体能力增长的潜力,也预示长期在该国开展经营活动更有机会获得利益。

政治稳定,意味着政治风险小,进而可以减少承包商面临的风险和不确定性。传统的政治风险主要是由东道主的政府制度和政治行为的不确定性引起的(王旋子,2013)。政治稳定确保企业在取得项目后能持续经营,军事政变、强力领导人的下台、政府投资政策的颠覆性变化(比如国有化)将给企业带来根本上的威胁。东道主的政治稳定性将决定外国投资者在该国是否成功(Minifile & West,1998)。企业经理在做市场选择时,也应考虑国家风险等因素(Ozturk et al, 2015)。2011年的利比亚战争导致利比亚政权更迭,我国的承包商因合同搁置、项目中止、驻地遭袭等带来的直接经济损失为15亿元(王金岩,2012)。而同在非洲的阿尔及利亚因为政局稳定,包括中铁建、中国建筑总公司等大型承包商都选择在阿国开展业务,中国承包商在2014年新签合同207份,新签合同额达97.51亿美元。

因此,除了地理距离、文化距离、制度距离、贸易联系外,本书选择目标国GDP、目标国政治稳定作为控制变量来衡量变量对市场选择的影响。

本书模型为:

$$MSR = c_1 + \beta_1 GD + \beta_2 CD + \beta_3 ID + \beta_4 IE + \gamma_1 GDP + \beta\gamma_2 PV + \mu_1 \quad (5-1)$$

式中 MSR(Market Selection Ratio)—— 因变量,代表目标国被选择的概率;

GD—— 自变量,代表目标国同中国的地理距离;

CD—— 自变量,代表目标国和中国的文化距离,来衡量两国的文化差异程度;

ID—— 自变量,代表目标国和中国的制度距离,来衡量两国的制度差异程度;

IE—— 自变量,代表目标国和中国的进出口贸易总额,来衡量两国贸易紧密程度;

GDP—— 控制变量,代表目标国的经济发展水平;

PV—— 控制变量,代表目标国的政治稳定程度;

c_1—— 常数项;

μ_1—— 扰动变量;

β_1、β_2、β_3、β_4—— 自变量的系数;

γ_1、γ_2—— 控制变量的系数。

5.4　研究对象

本书所称的高铁承包商，指具有能力从事具体包含电气配套、车站建设、信息系统、轨道采购与铺设、隧道、桥梁、仪器设备安装等的铁路固定设施投资建设和包括铁路沿线的土建安装施工的基建承包商，该承包商要具有国际化战略并拥有一定的国际承包项目经验。因此，本书选择进入 ENR250 强(2011—2015 年)的中国承包商作为研究对象，ENR225 强国际承包商从 2013 年开始变为 ENR250 强，为了简便表示，本书统称为 ENR250 强。承包商的数据来自 2011—2015 年的 ENR250 强报告，其中 2015 年度的 ENR 报告中共有 65 家中国承包商进入榜单(表 5-1)。

表 5-1　ENR2011—2015 年度中国承包商进入数

年份	个数
2011	51
2012	52
2013	55
2014	62
2015	65

资料来源：2011—2015 年 ENR 报告。

从 ENR 报告中可以查询到承包商历年进入了哪些国际市场，排除个别数据不全的国家，本书最终选择了 64 个国家或地区(表 5-2)作为承包商进入的国家进行市场选择方面的研究。

表 5-2　中国承包商选择进入的国家/地区

序号	国家/地区	序号	国家/地区	序号	国家/地区	序号	国家/地区
1	加拿大	8	厄瓜多尔	15	捷克	22	波兰
2	美国	9	墨西哥	16	丹麦	23	俄罗斯
3	阿根廷	10	秘鲁	17	法国	24	西班牙
4	巴西	11	委内瑞拉	18	德国	25	瑞士
5	智利	12	苏里南	19	希腊	26	英国
6	哥伦比亚	13	奥地利	20	意大利	27	伊朗
7	哥斯达黎加	14	比利时	21	挪威	28	以色列

续 表

序号	国家/地区	序号	国家/地区	序号	国家/地区	序号	国家/地区
29	约旦	38	中国香港	47	新加坡	56	加纳
30	科威特	39	印度	48	斯里兰卡	57	马拉维
31	黎巴嫩	40	印度尼西亚	49	泰国	58	莫桑比克
32	巴基斯坦	41	日本	50	越南	59	尼日利亚
33	沙特阿拉伯	42	韩国	51	埃及	60	塞内加尔
34	土耳其	43	马来西亚	52	埃塞俄比亚	61	塞拉利昂
35	阿联酋	44	尼泊尔	53	利比亚	62	南非
36	澳大利亚	45	新西兰	54	摩洛哥	63	坦桑尼亚
37	孟加拉国	46	菲律宾	55	布基纳法索	64	赞比亚

利用 2011—2015 年度 ENR 报告，删除有些年份资料缺失的数据，最终获得 295 组有效(承包商—年)数据。由于在讨论目标市场被选择的概率是中国承包商每年度的数据，因此是中国承包商整体选择目标市场的结果，而不是单个承包商选择某个国家的概率。

5.5 变量的衡量

5.5.1 因变量的衡量

衡量企业在国际市场选择的情况，可以用同类型企业选择某国或地区的个数来近似进行衡量，而为了消除各地区数据间的差异，可以再除以企业进入各个国家或地区数量的几何平均数。本书采用 Gripsrud & Benito(2005)、汪旭晖(2007)、刘梦玮(2010)定义目标市场被选择的概率，如公式 5-2 所示。

$$MSR_j = \frac{Y_j}{(\Pi_{j \in N} Y_j)^{1/N}} \tag{5-2}$$

其中，MSR_j 表示国家或地区 j 被选择的概率，其中，Y_j 表示中国承包商进入 j 国或地区的个数，$(\Pi_{j \in N} Y_j)^{1/N}$ 表示承包商在所有进入国家或地区数量的几何平均数。各个国家或地区进入的中国承包商个数统计资料来自 2011—2015 年度 ENR 报告，从而本书可以获取承包商在 2010—2014 年的市场选择情况(2011 年度 ENR 报告反映的是 2010 年的市场情况，以此类推)。

5.5.2 自变量的衡量

通过文献分析，在市场选择研究部分，本书选取的自变量分别是地理距离、文化距离、制度距离、贸易联系。

1. 地理距离

学者刘梦玮(2010)、高翔(2014)在衡量地理距离时一般用两个国家首都的飞机航程作为两个国家的地理距离。而这种计算方式没有考虑一个国家或地区的区域面积和是否是内陆国家等综合因素，而 CEPⅡ数据库中的地理距离则综合考虑了两个国家或地区的区域面积、是否为内陆国家、人口等因素，能更好地解释两个国家或地区的地理距离因素。因此，可以用 CEPⅡ数据库中的地理数据来衡量两个国家或地区的地理距离(张吉鹏、衣长军，2014)，为了减少异方差的影响，对该原数据进行了对数处理。

2. 文化距离

Hofstede(2015)用权力距离(power distance)、不确定性规避(uncertainty avoidance)、个人/集体主义(individualism/collectism)、男性/女性主义(masculinity/femininity)等四个维度来定义一个国家的文化。文化是一个国家的固有属性，不同国家的人会由于不同的文化而产生特定的价值观、习惯传统，进而影响其行为。本书利用 Kogut & Singh(1988)的计算方法来测量两个国家或地区的文化距离，如公式 5-3 所示。

$$CD_j = \sum_{i=1}^{4}[(I_{ij} - I_{ic})^2/V_i]/4 \tag{5-3}$$

式中 CD_j—— 中国和目标国 j 国或地区的文化距离；

I_{ij}—— 第 j 个国家或地区第 i 个维度文化指数；

Iic—— 中国第 i 个维度文化指数；

V_i—— 第 i 个文化维度指标值的方差。

3. 制度距离

世界银行每年会发布全球经济自由度(World Governance Indicators, WGI)，最终排名得分由营商自由、贸易自由、财政自由、政府开支、货币自由、投资自由、金融自由、产权保障、廉洁程度和劳工自由 10 个方面构成，该指标反映一个国家的经济自由程度和政府治理质量。得分越高说明该国制度完善，效率越高；反之相反。本书利用 2010—2014 年的 WGI 数据，根据公式 5-4 来计算目标国同中国的制度距离(高翔，2014)。

$$ID_j = |I_j - I_c| / (\max I_j - \min I_j) \tag{5-4}$$

其中 I_j——j 国的经济自由度指标值；

I_c—— 中国的经济自由度得分值；

$\max I_j - \min I_j$ ——该年经济自由度指标值的极差(最大值和最小值的差值)。

4. 贸易联系

本书利用中国和目标国的进出口贸易总额来衡量两个国家之间的关系(何本芳、张祥,2009),相对应的是两个国家的进出口贸易总额越大,两个国家的贸易关系越紧密,经济联系也越频繁。该项数据来自2010—2014年中国统计年鉴。为了消除异方差的影响,对该项数据进行了对数处理。

5.5.3 控制变量的衡量

本书为了更好地衡量自变量对因变量的影响,选取对市场选择影响较大的目标国的GDP和目标国的政治稳定作为市场选择研究模型的控制变量。

1. 目标国的GDP

目标国的GDP用以衡量目标国的经济发展程度和市场吸引力,2010—2014年度的各国GDP数据来自世界银行(World Bank Group, WBG)数据库。为了减少异方差的影响,对该数据进行了对数处理。

2. 目标国的政治稳定(PV)

目标国的政治稳定可以通过世界银行公布的政治稳定/反暴力指标(Political Stability and Absence of Violence, PV)加以衡量。全球治理指标(WGI)共分为:言论自由与政府责任、政治稳定/反暴力、政府效能、法规执行质量、法治、肃贪六项领域。计算标准是将全球国家加以分析后,给予正负2.5之间的评分,然后按各国分数高低排出百分位数。该项数据直接取自2010—2014年的PV数据指标。

5.6 回归结果

为了更有效地显示自变量对因变量的影响作用,首先只对含控制变量的Model 1进行回归,其次对包含控制变量和自变量的Model 2进行归回分析。本书为了确保多元线性回归模型的有效性,首先检验了各变量之间是否存在严重的多重共线性。一般认为变量之间的相关系数应小于0.5,若大于0.5则说明这两组变量之间存在多重共线问题,则需要进行 VIF 检验。当 $VIF<10$ 时,不存在多重共线性;当大于10时,则存在严重的多重共线性(Wilkinson et al, 2011; O'Brien, 2007; Yang & Peterson, 2004)。回归变量的相关系数如表5-3所示。

表 5-3　市场选择回归变量的相关系数

	变量	Mean	1	2	3	4	5	6	7
1	*MSR*	1.40	1						
2	*CD*	2.54	−0.515***	1					
3	*ID*	0.24	−0.252***	0.315***	1				
4	*GD*	13.40	−0.113*	0.026	−0.061	1			
5	*IE*	14.17	0.118**	0.220***	0.514***	0.036	1		
6	*PV*	−0.20	−0.280***	0.324***	0.623***	0.008	0.271***	1	
7	*GDP*	25.83	−0.108*	0.421***	0.450***	−0.007	0.875***	0.244***	1

注：$n=295$；* $p<0.10$；** $p<0.05$；*** $p<0.01$（双尾）

MSR 和 *GDP* 相关系数最高为 0.875，二者显著相关，于是对各变量进行 *VIF* 检验，检验结果如表 5-4 所示。

由表 5-4 可以看出，各变量的 *VIF* 值均小于 10，可以认为各变量之间不存在严重的多重共线问题，因此可以利用该市场选择模型进行中国高铁承包商目标市场选择的回归分析。

为了验证数据是否存在异质性，在 WHITE 检验中，WHITE 检验的 *F* 值为 0.006，小于 0.05，说明数据存在异质性，因此需要计算出 Hetero-robust 标准误反映回归系数的显著情况（表 5-5）。为了验证模型的有效性，进行了 Ramsey RESET 检验，RESET 的 *F* 值为 0.06，大于 0.05，说明模型中不存在缺失变量。

表 5-4　市场选择 *VIF* 检验结果

序号	变量	*VIF* 值	序号	变量	*VIF* 值
1	*GDP*	5.775	4	*CD*	1.554
2	*PV*	1.713	5	*ID*	2.129
3	*GD*	1.028	6	*IE*	5.609

市场选择多元线性回归分析结果如表 5-5 所示，从拟合有效性来看，Model 6 中 R^2 为 0.080，小于 Model 7 中的 0.459，表明加入四组假设中的自变量后，更能解释市场选择这一因变量，Model 7 更具有解释力。在 Model 7 中，R^2 为 0.459，意味着自变量整体可以在 45.9%的程度上解释因变量，说明该模型模拟效果尚可；通过 *F* 检验可以看到回归模型的 *Sig* 值为 0，说明该模型有显著的统计意义。

表 5-5　市场选择多元线性回归结果

Variables	Model 6	Model 7		
Control Variables				
GDP	−0.023	−0.320***	(0.056)	[0.056]
PV	−0.290***	−0.090	(0.061)	[0.062]
Independent Variables				
GD		−.054***	(0.015)	[0.015]
CD		−.175***	(0.028)	[0.024]
ID		−1.651***	(0.355)	[0.357]
IE		.486***	(0.056)	[0.056]
Ftest	12.728***	40.779***		
R^2	0.080	0.459		
Adj R^2	0.074	0.448		

注：$n=295$，其中圆括号中为标准差，方括号中为 Hetero-robust 标准差；
* $p<0.10$；** $p<0.05$；*** $p<0.01$（双尾）

表 5-6　市场选择假设验证情况

序号	假设	变量	假设结果		
			变量系数（+/—）	是否显著	是否支持原假设
1	H3	*GD*	—	是	是
2	H4	*CD*	—	是	是
3	H5	*ID*	—	是	是
4	H6	*IE*	+	是	是

根据回归结果，本书的假设验证情况如表 5-6 所示。从各个假设验证情况来看，在 1%的显著水平上 H3、H4、H5 和 H6 都得到了验证，并同预期的方向一致。各变量系数中，贸易联系的系数最大，因此可以认为贸易联系对市场选择的影响最大。

5.7　回归结果讨论

根据回归分析结果，地理距离、文化距离、制度距离、贸易联系对市场选择的影响是显著的，而且和预期的影响方向一致，因此我们可以认为：

（1）中国高铁承包商更愿意进入地理位置临近的国家或地区开拓市场。地理距离对承包商的可能影响主要有两个方面：一是包括施工机械、原材料等方面交通运输成本的增加;二是管理人员和务工人员由于工作在外国而增加的劳动成本。由于地理位置接近,中国承包商多进入亚洲邻国进行市场的占领。从2010年到2014年,中国承包商在亚洲的国际营业额一直占国际总营业额的三成以上(张宇,2015)。

(2)中国高铁承包商更倾向于进入同中国文化距离小的国家或地区。在不同的文化背景下,一国公民会有特有的宗教信仰、生活习俗、道德追求、价值观、传统习惯和语言等,文化反映到个体身上就是每个人固有的思想和偏见,在工作和生活中就会有着特定的行为和处事方式。文化距离的增加会加大沟通交流成本,提高冲突发生的概率。

(3)中国高铁承包商更倾向于进入同中国制度差异小的国际市场。对于承包商来说,进入这样的市场,由于面对几乎相近的管理制度、法规条例和办事习惯,承包商更容易获取当地政府的信任和支持,减少政府对该承包商的约束,承包商也因此更容易获取项目并成功开展经营活动。对于目标国政府而言,由于承包商习惯了类似的法律管制和习惯,该国政府就更容易和该承包商进行相关的谈判和管理活动。

(4)中国高铁承包商更倾向于进入同中国贸易紧密的国家或地区。中国和东道主国家的贸易紧密可以至少说明两个方面的问题:双方政府的投资贸易政策鼓励(至少不限制)两个国家的投资者进行正常合法的商务活动;双方国家经济上具有较强的互补性,内在地推动着双方投资者的经济投资活动。

对于控制变量目标国的*GDP*,在Model 7中,*GDP*是显著的且系数为负,这也和传统的国际化研究结果不一致。实证结果表明,中国高铁承包商更倾向于进入经济欠发达地区。

5.8　本章小结

本章首先通过归纳折衷理论、国家整体吸引力理论和制度理论,提出了影响市场选择的四大因素,包括地理距离、文化距离、制度距离、贸易联系。归纳出影响因素后,本书提出了假设H3～H6,市场选择模型,并进行了多元线性回归分析。通过实证分析,发现H3、H4、H5和H6得到了验证,意味着地理距离、文化距离、制度距离、贸易联系对目标市场选择有显著的影响。中国高铁承包在进行目标市场选择时,更愿意进入地理位置临近、文化距离小、制度距离小、贸易关系紧密的国家。根据数据分析,承包商多数选择了经济欠发达的国际市场,本书尝试着回答了中国高铁承包商为什么愿意进入经济程度相对落后的国家。

第六章 中国高铁承包商进入模式实证研究

本章首先介绍了国际化程度、文化距离、制度距离、贸易联系对进入模式选择的具体影响，接着提出了相关研究假设和计量模型，最后通过实证研究的方式验证了假设并检验了模型的有效性。

6.1 进入模式选择影响因素

通过进入模式的理论回顾，本书发现折衷理论、制度理论和资源基础理论的一些观点和因素将会对进入模式产生一定的影响。

国际化程度高的企业往往有着较高的海外收入和丰富的国际经验，在企业的长远发展战略上更加注重开拓和持续占领国际市场。企业随着国际化程度的提高，在国际市场上收获的经验和知识也会显著增加，它们更有能力适应激烈竞争的环境并抵御风险(Lin, 2000)。企业立足于国际市场，熟悉国际工程市场的交易管理和法制规则，能更好地规避由于多种不确定性而滋生的各种风险。国际市场经验丰富的企业更有能力发现市场机遇，减少海外市场的不确定性，从而也更愿意选择资源承诺大的方式进入海外国家市场(Arora & Fosfuri, 2000)。

进入模式的选择也是一种决策，而决策是有特定文化内涵所具有的思维方式决定，最终体现在决策过程。当两个国家的文化存在较大差异时，公司要进入目标市场，就需要付出更昂贵的代价来适应文化差异(王亚琴,2006)。

企业在实施国际化战略时，需要作出多种战略性决策，包含进入模式问题，这些决策会受到母国—目标国之间制度距离的影响。当两国制度差异较大时，企业需要付出更多成本和努力来获得在目标国的合法性地位(隋易宏,2015)。当目标国同母国的制度距离较大时，跨国企业为获得一定的战略灵活性，要实现外部合法性与内部一致性的平衡点，往往会采用低资源承诺型的进入模式开拓国际市场(Xu et al, 2004)。

贸易流动的频繁程度可以反映两国交往的密切程度(Pan & Tse, 2000)。贸易关系密切的国家通常拥有相对良好的外交关系，这会促使投资者更愿意进入该国进行投资和贸易活动(Chen, 2005)。中国和目标国有着深度的贸易关系有助于通过法律法规、政策等正式制度来进一步强化双边关系，在一定程度上能化解目标国可能发生的没收、征收等国有化风险和经营性风险(含贸易壁垒、外汇管制等)带来的巨大风险。因此，即使面对较大投资风险，企业也有可能在该国采用高控制权的进入模式(余承萱，2010)。

因此，这四个因素可以通过折衷理论、制度理论、资源基础理论得到解释，它们分别是：

(1) 国际化程度(资源基础理论、折衷理论)

(2) 文化距离(制度理论)

(3) 制度距离(制度理论)

(4) 贸易联系(折衷理论)

6.2　假设提出

上一节总结并提出了影响进入模式选择的四个因素，即国际化程度、文化距离、制度距离和贸易联系，本节将提出关于中国高铁承包商的进入模式选择假设。

6.2.1　国际化程度对进入模式选择的影响

国际化程度高的企业具有如下三个特征：从地理位置上来看，经营机构和主要市场分布在国外；从营业额的角度看，企业的海外收入占总收入的比例较高；从企业战略层面来看，国际化程度高的企业管理层更加注重国际市场的开拓和布局，在资源整合和配置方面倾向于国外市场。

国际化程度高的承包商拥有较丰富的国际工程经验，它们立足于国际市场，熟悉国际工程市场的交易管理和法制规则，能更好地规避由于多种不确定性而滋生的各种风险。国际市场经验丰富的企业更有能力发现市场机遇，减少海外市场的不确定性，从而也更愿意选择资源承诺大的方式进入海外国家市场(Arora & Fosfuri, 2000)。随着国际化程度的提高，企业在国际市场上收获的经验和知识也会显著增加，它们更有能力适应激烈竞争的环境并抵御风险(Lin, 2000)。国际化程度高的企业更具有能力和意愿采用资源承诺程度高、竞争激烈、风险相对大的海外市场。基于以上论述，本书提出关于企业国际化程度的假设7。

假设7(H7)：中国高铁承包商的国际化程度越高，越倾向于选择投资模式进入国际市场；中国高铁承包商的国际化程度越低，越倾向于选择合同模式进入国际市场。

6.2.2 文化距离对进入模式选择的影响

受社会文化的影响，具有特定文化内涵的思维方式决定着我们处理、评价信息的方式和方法，引导着我们的判断和决策过程。因此，许多决策又称为"文化决策"，因为决策的方式和过程受制于我们根深蒂固的文化背景(Ji & Yap, 2016; Güss & Robinson, 2014; Weber & Morris, 2010)。

文化差异具体包含母国—目标国在价值观、语言、生活传统习惯、行为方式等方面的不同，Kogut & Singh(1988)用实证的方式讨论了母国—目标国间文化距离对企业进入模式(合资/并购/绿地)的选择。母国—目标国之间文化的相近性会鼓励跨国企业采用高控制水平的进入模式，因为文化的相近性可以帮助企业更深入完善地理解目标国的行为规范和传统价值观(吴先明，2011; Gatignon & Anderson, 1988; Kim & Hwang, 1992)。工程在设计理念、建筑工程中的人力资源管理等方面都有文化因素的考量，处理不当将造成合作的不愉快，甚至导致承包商退出该国市场。因此，对于文化距离大的市场，承包商需要采用低资源承诺水平、灵活性大的进入方式来应对文化距离对企业经营造成的不良影响(余承萱，2010)。基于以上论述，本书提出关于文化距离因素的假设8。

假设8(H8)：在进入文化距离小的国家时，中国高铁承包商用投资模式的概率更大；在进入文化距离大的国家时，中国高铁承包商用合同模式的概率更大。

6.2.3 制度距离对进入模式选择的影响

制度距离指两个国家在管制性、规范性、认知性三个方面的差异程度(Kostova, 1996)。制度距离可以用来解释跨国公司的行为(Xu & Shenkar, 2002; Kostova, 1999; Kostova & Zaheer, 1999)。跨国企业在国际化的过程中需要做多种战略选择和决策，包含国际目标市场的进入模式选择问题，这些决策会受到母国—目标国之间制度距离的影响，而当二国制度差异较大时，企业需要付出更多成本和努力来获得在目标国的合法性地位(隋易宏，2015)。

当两国制度距离较大时，Dow & Jorma(2009)认为企业为了规避不确定性带来的风险，其在海外经营时更愿意选择资源承诺水平低的模式进入东道主国家。当目标国同母国的制度距离较大时，跨国企业为获得一定的战略灵活性，要实现外部合法性与内部一致性的平衡点，往往会采用低资源承诺型的进入模式开拓国际市场(Xu et al, 2004)。基于以上论述，本书提出关于制度距离的假设9。

假设 9(H9):中国高铁承包商在面对制度距离小的国家时,更愿意采用投资模式;中国高铁承包商在面对制度距离大的国家时,更愿意采用合同模式。

6.2.4 贸易联系对进入模式选择的影响

贸易流动的频繁程度可以反映两国交往的密切程度(Pan & Tse, 2000),外贸联系的紧密会让两个国家交往更加密切,沟通更加顺畅,这也会促使承包商更愿意在这样的目标国中开展投资经营活动(Chen, 2005)。这种顺畅的沟通氛围会在投资者和东道主政府之间造就良好的商务关系(Tse et al, 1997)。

中国和目标国有着深度的贸易关系有助于通过法律法规、政策等正式制度来进一步强化双边关系,在一定程度上能化解目标国可能发生的没收、征收等国有化风险和经营性风险(含贸易壁垒、外汇管制等)带来的巨大风险。因此,即使面对较大投资风险,企业也有可能在该国采用高控制权的进入模式(佘承萱,2010)。基于以上假设,本书提出关于贸易联系的假设 10。

假设 10(H10):中国高铁承包商在进入同中国贸易联系紧密的国家时,更愿意采用投资模式进入;中国高铁承包在进入同中国贸易联系疏远的国家时,更愿意采用合同模式进入。

6.3 构建进入模式选择模型

6.3.1 模型框架

本书把进入模式分为投资模式(investment mode)和合同模式(contracting mode),其中基于 6.2 节四组假设,本书实证研究模型框架如图 6-1 所示,其中 IM 代表投资模式,CM 表示合同模式。

6.3.2 模型构造及分析

1. 二项逻辑回归

二项逻辑回归(Binary Logistic Regression),指因变量为二级得分或二级评定的回归分析,对于二分类变量的定性数据往往可以用 0 和 1 两个数值表示。本书把进入模式分类中的投资模式赋值为 1,把合同模式赋值为 0。当因变量是0-1变量时,此类问题的解决均可以借助二项逻辑回归来完成(孙艳玲等,2010)。

设有自变量 X_1, X_2, …, X_n, 则 Logistic 回归函数:

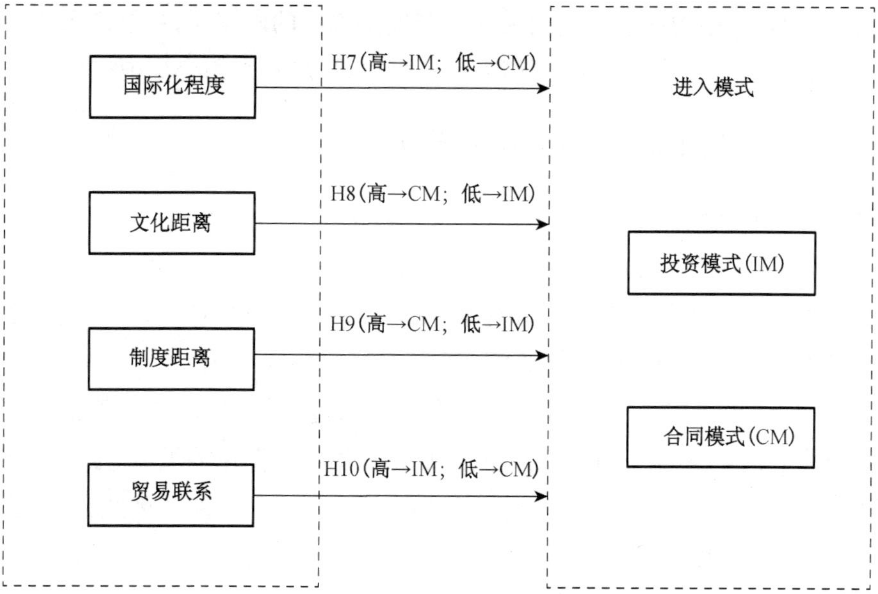

图 6-1　进入模式实证研究模型

$$\pi = P(Y = 1 \mid X_1 = x_1,\ X_n = x_n) = \frac{\exp(\beta_0 + \beta_1 x_1 + \beta_n x_n)}{1 + \exp(\beta_0 + \beta_1 x_1 + \beta_n x_n)} \quad (6\text{-}1)$$

其中，π 表示 $Y = 1$ 发生的概率，X_1，X_2，…，X_n 代表影响 $Y = 1$ 发生的因素。

2. 计量模型

除了上述四个自变量外，本书通过文献研读发现企业的规模、目标国的 GDP 水平和目标国政治稳定情况也会影响进入模式的选择。因此，本书把企业规模、目标国 GDP 和政治稳定作为控制变量来进行进入模式的研究。

公司规模越大，意味着企业有更多的资源来整合国际市场和实现国际化战略。大型企业一般拥有强大的资金实力、多渠道的融资能力、相对低廉的资金成本。在基础建设领域，建筑业的集中特点包括建设周期长、资金消耗量大、承包商垫资普遍等特点，这就要求承包商要有较强的资金实力。因此，企业规模越大，越有资金实力采用资源承诺度高的进入模式。

工程建设，尤其是大型工程建设，除了具有不可移动性外，还具有合同复杂性和技术复杂性，这就决定了承包商只有具备丰富的施工经验、组织能力和管理能力，才能做好工程。投资进入模式对承包商的资源整合组织能力有极高的要求，承包商只有具备较大规模，拥有极大的组织、管理、协调能力才能满足投资进入模式对承包商能力的要求。因此，承包商只有规模大，才可能使用投资进入模式（余承萱，2010）。公司规模大预示着该公司更有能力和实力进入国外承包市场，尤其能以投资模式进入国际市场(Chen，2005)。Agarwal & Ramaswami(1992)通过实证分析认为,大型企业更喜欢运用投资模式来进入国外市场。

GDP 的高低主要反映一个国家在经济活动中的全部最终产品和劳务的价值,通常被认为是衡量一个国家整体经济情况的最佳指标。在经济和商务领域,GDP 可以反映一个国家的经济发展状况,也是一国国力和财富的重要象征。基建行业的繁荣与 GDP 的增长相互促进,GDP 的发展为基建行业产值增加夯实了投资信心的基础,建筑业的最终成果则为国民经济提供生产和消费的物质基础(陆歆弘,2003)。

工程领域的一大特点就是建设成本巨大,因此要求一国政府较大的资金支持来进行大型的基础设施建设。资金匮乏、GDP 发展欠佳都会给一个国家的正常建设带来影响。而在经济发展水平较高的国家,通常因治理环境好,资金充裕,对外支付能力强,使得更多的企业会在该国设立常驻机构。

经济增速和经济规模较大意味着更稳定的、繁荣的建筑市场。进入增长潜力大的市场,面对合同模式和投资模式,承包商更愿意选择后者,因为投资模式会给它们带来规模经济、较低的边际生产成本和长期获利的机遇(Sabi,1988)。Agarwal & Ramaswami(1992)认为在有潜力的市场,公司更愿意在该国长期存在。而在走市场下滑的国家,跨国公司会选择低资源承诺的方式进入(Agarwal & Ramaswami，1992)。

在海外经营过程中,政治稳定的作用至关重要,一国的政治不稳定将使企业面临巨大风险。一个国家的政治不稳定或者政治系统未来具有波动性,将会造成政策摇摆或发生不可预料的变化(王旋子,2013)。企业面临不利的政治波动,如税收规则变得不利于企业发展、进口配额限制或由于体制变化而被没收将会选择退出该市场或者采用最低层次的资源承诺来经营该国市场(Henisz & Delios,2001)。

面对较高风险,通行的做法就是减少企业对该国市场的资源承诺水平,以规避并最小化未知风险,因此企业会选择不进入这个市场,即使进入也会更倾向于使用非投资模式进入该国(唐一中,2008)。在风险较大国家,降低资源承诺水平,选择控制程度低的进入模式,承包商会具有一定战略延展性,可以在不利环境产生时选择改变合伙对象或者重新协商合约部分条款(余承萱,2010)。

因此,本书模型中共包含 4 个自变量(DOI、CD、ID、IE)和 3 个控制变量($SIZE$、GDP、PV),共同衡量因素对进入模式的影响作用:

$$EM = c_2 + \beta_5 DOI + \beta_6 CD + \beta_7 ID + \beta_8 IE + \gamma_3 SIZE + \gamma_4 GDP + \gamma_5 PV + \mu_2 \tag{6-2}$$

式中 EM(Entry Mode)—— 0-1 变量，为因变量，0 代表合同模式，1 代表投资模式；

DOI(Degree of Internationalization)—— 自变量，表示企业国际化程度；

CD—— 自变量，代表目标国同中国的文化距离；

ID—— 自变量，代表目标国同中国的制度距离；

IE—— 自变量，代表目标国同中国的贸易联系情况；

$SIZE$—— 控制变量，代表企业规模；

GDP—— 控制变量，代表目标国经济发展水平；

PV—— 控制变量，表示目标国的政治稳定情况；

c_2—— 常数项；

$\beta_5 \sim \beta_8$—— 代表各自变量的系数；

$\gamma_3 \sim \gamma_5$—— 代表各控制变量的系数；

μ_2—— 扰动变量。

6.4 研究对象

本实证研究对象为进入 ENR 榜单的中国高铁承包商，从 ENR 我们得知中国承包商进入了哪些市场，却未知它们进入市场所采用的进入模式。进入模式的原始资料数据需要从网络获得，限于资料收集的有限性，本书最终选取了 46 家承包商(表 6-1)，并搜集了它们在 64 个国际市场的进入模式的数据。本书共形成 696 组数据，该数据是每个企业在每个进入国家模式的选择情况，此数据是企业—国家一一对应的数据(简称企业—国家)。

表 6-1 中国高铁承包商名单

序号	承包商	序号	承包商
1	中国交通建设股份有限公司	8	中国铁建股份有限公司
2	中国建筑股份有限公司	9	中国东方电气集团有限公司
3	中国中铁股份有限公司	10	中国水利电力对外公司
4	中国机械工业集团有限公司	11	青建集团股份公司
5	中国土木工程集团有限公司	12	中地海外集团有限公司
6	中国冶金科工集团有限公司	13	上海电气集团股份有限公司
7	中信建设有限责任公司	14	中国通用技术(集团)有限公司

续 表

序号	承包商	序号	承包商
15	上海建工集团	31	中国大连国际经济技术合作集团有限公司
16	中国成套设备进出口总公司	32	安徽省外经建设(集团)有限公司
17	北京建工集团有限责任公司	33	中国武夷实业股份有限公司
18	中国江西国际经济技术合作公司	34	江苏南通三建集团有限公司
19	中国河南国际合作集团有限公司	35	烟台国际经济技术合作集团有限公司
20	威海国际经济技术合作有限公司	36	云南建工集团有限公司
21	新疆生产建设兵团建设工程公司	37	中国山东对外经济技术合作集团有限公司
22	中国地质工程集团公司	38	南通建工集团股份有限公司
23	安徽建工集团有限公司	39	中国甘肃国际经济技术合作总公司
24	江西中煤建设集团有限公司	40	烟建集团有限公司
25	中钢设备有限公司	41	北京城建集团有限责任公司
26	中国江苏国际经济技术合作集团有限公司	42	重庆对外建设(集团)公司
27	中鼎国际工程有限责任公司	43	中国电子进出口总公司
28	浙江省建设投资集团有限公司	44	中国沈阳国际经济技术合作有限公司
29	江苏中信建设集团有限公司	45	江苏南通六建建设集团有限公司
30	沈阳远大铝业工程有限公司	46	北京住总集团有限责任公司

6.5 变量的衡量

6.5.1 因变量的衡量

本书综合前人的研究成果和承包商进入模式的现状，提出了进入模式(Entry Mode)，包括 BOT、EPC、独资项目、合资项目、合资企业、独资公司、分公司和办事处 8 大类，而这 8 种进入模式又可以进一步划分为合同进入和投资进入两类。本书的因变量为 0-1 变量，赋值方式是合同模式=0，投资模式=1。

本书共搜集承包商的进入模式数据共 696 例，其中合同模式 268 例，投资模式 428 例，资料来源主要包括两个方面：

(1) 2011—2015 年度 ENR 报告中有少量承包商海外分公司或独资公司的分布信息，但多数无相关进入模式的信息，但该报告会同时罗列出承包商在哪些市场开展了国际工程业务，我们可以从中判断出承包商进入了哪些市场(很明显，承包商不会或者很少会在本书中的64个国际市场都开展了业务)。

(2)互联网上披露的相关信息主要来自企业的官方网站,若该官网信息不足,再搜索互联网相关信息。

确定资料来源后,为了有效而不重复地获得进入模式的结果,本书对进入模式搜索到的信息作了如下处理:

(1)承包商进入一个海外市场的进入模式只会在合同模式和投资模式中选择,若某承包商在东道主国家同时采用了投资模式和合同模式,则认为该承包商在该国家的进入模式就为投资模式。这样处理的原因主要有两个方面:第一,从数据来源上看,这样不会同时出现既采用合同模式,又采用投资模式的局面,便于数据统计,这样处理后的数据也更为合理、直观,即可以判断出承包商进入该国市场采用了哪种进入模式;第二,承包商采用投资模式进入东道主国家后,谋求在该国长期发展,因此在该国获得的合同通常是该承包商海外机构经营的结果。以中建公司为例,中建为了开拓美国市场,选择在美国建立中建美国全资公司开展经营活动,中建美国会在美国斩获合同,此时貌似中建公司在美国既采用了投资模式,又采用了合同模式,但实际上,从信息搜索追踪到招投标、签约谈判都是中建美国公司的经营结果,因此本书认为中建公司在美国采用了投资模式。

(2)ENR报告中显示B承包商(假设为46家承包商之一)在A地区(假设为64个研究对象地区之一)有营业额或B承包商官网显示B在A地区有分支机构或曾在该国承揽工程,则认定B承包商进入了A地区市场;在ENR报告中显示了承包商在A地区有分公司/独资公司等或公司官网显示该A地区有分支机构,可直接认定承包商在A地区的进入模式为投资模式;B承包商进入了A地区,但不能直接判定是否采用了投资模式,则直接认定B采用了合同进入的方式。

6.5.2 自变量的衡量

在市场选择的变量衡量部分(见第5.5.2节),*CD*、*ID*、*IE* 已经得到详细阐述,其中 *ID* 和 *IE* 取5年的平均值。本小节主要介绍企业层面的国际化程度变量衡量的方法。

国际化程度(Degree of Internationalization, DOI)反映了企业国际化程度中企业的总体战略目标,显而易见,该指标值越大,说明该企业的国际化程度越高。企业国际化程度的衡量可以用国外销售额/企业总销售额来衡量(王丽霞,2015;宋渊洋,李元旭,王宇露,2011;薛有志,周杰,2007;王国顺,胡莎,2006;Hitt et al, 1997)。

本书利用承包商的国际营业额/全球营业额衡量DOI,为了更准确地衡量该指标,国际营业额(International Revenue, IR)和全球营业额(Global Revenue, GR)

都取 5 年的平均值(实际是营业额除以进入 ENR 的次数)。国际化程度(DOI)的计算公式如公式 6-3 所示。

$$DOI = \frac{\sum_{i=2011}^{2015} IR_i}{\sum_{i=2011}^{2015} GR_i} \tag{6-3}$$

其中　IR_i—— 承包商在 i 年的国际营业额;

GR_i—— 承包商在 i 年的全球营业额。

6.5.3　控制变量的衡量

为了更好地衡量自变量对因变量作用,本书采用企业规模、目标国的 GDP 和目标国的政治稳定三个因素作为控制变量。在市场选择的变量衡量部分(见第 4.5.2 节),目标国 GDP、PV 都已经得到详细的介绍,本小节主要介绍企业规模的计算方法。

企业规模(firm size)有多种衡量方法,包括公司员工数量和净资产等,由于企业的规模和和营业额总是正相关的,可以用 ENR 名录中的承包商全球营业额来衡量企业的规模(唐一中,2008)。学者 Chen & Messner(2011)、Chen(2005)和余承萱(2010)在做承包商的进入模式研究中,用建筑业当年的 ENR 全球营业额作为指标来衡量该承包商的企业规模。

为了更好地衡量企业规模,本书利用 2011—2015 年度 ENR 报告中的国际营业额的平均数来衡量该承包商的公司规模,在计量模型中用 $SIZE$ 表示。国际营业额相对于全球营业额更能反映承包商在国际市场的能力和竞争表现,体现承包商组织资源的能力。$SIZE$ 的计算方法如公式 6-4 所示。

$$SIZE = \sum_{i=2011}^{2015} \frac{IR_i}{n} \tag{6-4}$$

其中　n—— 承包商在 2011—2015 年度 ENR 报告中出现的次数;

IR_i ——承包商 i 年的国际营业额。

6.6　回归结果

由于因变量进入模式是 0-1 变量,因此本书利用 SPSS20.0 进行二项逻辑回归分析。通过数据的搜集和整理,最终形成有效数据共 696 组,其中投资模式 428

组，合同模式 268 组。为了检验数据的有效性，本书首先对变量 *EM*、*CD*、*ID*、*SIZE*、*DOI*、*GDP*、*IE* 进行相关系数分析，结果如表 6-2 所示，发现变量 *GDP* 和 *IE* 的相关系数为 0.871。当两个变量的相关系数大于 0.8 时属于高度相关，存在严重的共线问题，此时需要对变量进行 *VIF* 检验，验证变量之间是否存在严重的共线问题。

表 6-2　进入模式回归变量的相关系数

	变量	Mean	1	2	3	4	5	6	7	8
1	*EM*	0.61	1							
2	*CD*	2.72	−0.116***	1						
3	*ID*	0.23	0.081**	0.127***	1					
4	*SIZE*	7.09	−0.116***	0.119***	−0.015	1				
5	*DOI*	0.42	0.286***	−0.069*	−0.054	−0.244***	1			
6	*GDP*	25.81	0.073*	0.482***	0.415***	0.064*	−0.119***	1		
7	*IE*	14.46	0.167**	0.229***	0.572***	−0.012	−0.104***	0.871***	1	
8	*PV*	−0.22	−0.001	0.153***	0.653***	−0.042	0.209	0.209***	0.324***	1

注：$n=696$；* $p<0.10$；** $p<0.05$；*** $p<0.01$（双尾）

为此，特做了 *VIF* 检验，检验结果（表 6-3）显示各变量的 *VIF* 指标值均小于 10，因此可以认为本书所采用的数据不存在严重的多重共线问题。

表 6-3　进入模式 *VIF* 检验结果

序号	变量	*VIF* 值
1	*SIZE*	1.091
2	*DOI*	1.077
3	*GDP*	7.035
4	*PV*	1.815
5	*CD*	1.717
6	*ID*	2.383
7	*IE*	6.866

本书首先对控制变量进行回归分析，其次对所有的控制变量和自变量进行回归。从模型整体（表 6-4）拟合效果来看，Model 8 中的 Cox & Snell R^2 和 Nagelkerke R^2 分别为 0.021 和 0.028，远低于 Model 9 中的 0.152 和 0.128，说明控制变量对中国高铁承包商进入模式的选择影响较小，控制变量对 Model 9 的 R^2 贡献较小。

表 6-4　进入模式逻辑回归检验结果

Variables	Model 8			Model 9		
	B	*Wals*	*Sig*	*B*	*Wals*	*Sig*
Control Variablles						
SIZE	−0.206***	10.376	0.001	−0.028	0.162	0.688
PV	−0.575	0.382	0.536	−0.233*	3.505	0.061
GDP	0.097**	4.967	0.026	−0.276**	5.060	0.024
Independent Variables						
DOI				1.943***	56.780	0.000
CD				−0.090*	3.358	0.067
ID				0.354	0.254	0.614
IE				0.577***	19.568	0.000
−2Log*likelihood*	913.330			812.110		
Cox & Snell R^2	0.021			0.153		
Nagelkerke R^2	0.028			0.208		
H-L 检验 *p* 值	0.305			0.467		

注：$n=696$；* $p<0.10$；** $p<0.05$；*** $p<0.01$(双尾)

Hosmer & Lemeshow 检验(简称 H-L 检验)中当 *P* 值大于 0.05 时，可以认为该研究模型能够很好地拟合数据。在 Model 9 拟合度检验中，H-L 检验 *p* 值为 0.467，该 *p* 值大于 0.05，说明该模型能很好地拟合数据。从 Wald 检验 Wals 统计量来看，Wals 统计量越大，则说明该变量对因变量的影响越大。企业国际化程度(*DOI*)和贸易联系(*IE*)的 Wals 统计量分别为 56.780 和 19.568，说明 *DOI* 对进入模式的影响最大，*IE* 次之。

从假设验证情况(表 6-5)来看，四组原假设中，得到验证的有 3 组(H7、H8 和 H10)，未得到验证的假设有 1 组(H9)。

表 6-5　进入模式假设验证结果

序号	假设	变量	假设结果		
			变量系数(+/—)	是否显著	是否支持原假设
1	H7	*DOI*	+	是	是
2	H8	*CD*	—	是	是
3	H9	*ID*	+	否	否
4	H10	*IE*	+	是	是

6.7 回归结果讨论

由于制度距离(*ID*)在逻辑回归分析中并不显著,H9 没有得到验证。*ID* 自变量的 Wals 统计量为 0.354,小于其他三个自变量,这也说明在进入模式的决策中,*ID* 不是承包商考虑的重要因素。

假设 H7、H8 和 H10 得到了验证。实证结果在 1%的显著性水平上支持了假设 7,即中国高铁承包商的国际化程度越高,采用投资模式进入的概率就越大;在 10%的显著水平上支持了假设 8,即中国和目标国文化距离越小,中国高铁承包商采用投资模式的概率就越大;在 1%的显著水平上支持了假设 10,即中国和目标国之间贸易联系越紧密,中国高铁承包商采用投资模式的概率就越大。

控制变量目标国 *GDP* 显著但和传统研究结论相反,根据数据验证的结果表明中国高铁承包商在经济欠发达的地区更愿意运用投资模式进入。造成这种现象的原因可能有如下几个方面:

(1) 欠发达地区经济发展水平落后,基础设施落后,当地政府需要大幅度提升基础设施的水平来吸引投资和发展落后的经济。庞大的基础设施建设需求吸引承包商在此发展并采用投资模式的形式进入该国,以期能够在该国站稳脚跟并长期经营。

(2) *GDP* 水平限制了东道主的财务投资能力,但东道主可以集中资金进行重大基础设施的建设。此外,东道主可以利用世界银行、国际货币基金组织等金融机构的贷款发展本地的基础设施,同时每年欠发达国家也有大量的来自于发达国家的经援项目支持,这些都帮助东道主解决了资金不足的问题,也化解了承包商对因业主支付能力不足而违约情况的担忧。

(3) 为了吸引投资,欠发达国家通常都会提出有吸引力的投资政策来吸引承包商大范围地参与本国的建设活动。2010 年 10 月,阿尔及利亚颁布法律:由当地公司控股、使用当地产品和服务的企业将在公共合同授标中享有 25%的优惠,并且承包商在投标时必须与阿公司组成联合体共同投标。俄罗斯为了发展远东地区,政府规定在远东和贝加尔湖地区投资工业和基础设施项目,10 年内免缴中央利润税,上缴当地政府的利润税头 5 年内逐步降至零,第二个 5 年头税率不低于 10%。

控制变量 *PV* 显著但和预期方向相反,根据数据验证的结果,说明中国高铁承包商在政治欠稳定的国家更愿意采用投资模式进入。造成这种现象的原因可以从如下两个方面进行解释:

(1) 政治欠稳定的国家主要集中在非洲和亚洲，尤其是在非洲，中国同这些国家同属第三世界，良好的政治关系抵消了政治不稳定可能带来的风险。以非洲为例，中华人民共和国自成立后就同这些非洲国家建交，中国以各种方式（包括援建）支持非洲国家的发展，良好的政治关系确保来自中国的投资者面对较小的风险。

(2) 政治欠稳定，意味着在这些国家承包商需要面对更大的风险和承担更多的额外成本。承包商为了在这些国家长期存在，需要建立常驻机构，雇佣当地劳工和管理层人员，增加在当地存在的"合法性"，通过这种方式化解风险。

6.8　本章小结

本章主要内容包括建立了进入模式选择（投资模式/合同模式）影响因素回归模型。首先通过折衷理论、制度理论、资源基础理论的综述，提炼出影响进入模式选择的关键性因素，这些因素具体为国际化程度、文化距离、制度距离、贸易联系。其次，在确定影响因素后，本书提出了四个假设，并建立了实证研究模型框架。

在实证分析部分，探讨了46家承包商在64个国际市场所采用的进入模式和上述变量之间的关系，搜集数据样本共696个，最终完全得到验证的假设有3组（H7、H8和H10），未得到验证的有1组（H9）。这说明承包商在国际化程度中，国际化程度、文化距离、贸易联系都是影响承包商进入模式决策的关键性因素。

根据假设验证情况，在同等条件下，中国高铁承包商的国际化程度越高，越倾向于使用投资模式进入目标市场；若东道主国家和中国的文化距离较小，则中国高铁承包商更愿意使用投资模式进入目标市场；东道主国家和中国紧密的贸易联系会促使中国高铁承包商采用更多的投资模式进入目标市场。制度距离对中国高铁承包商的进入模式选择影响不显著。通过Wald检验发现，在这四个影响因素中，企业国际化程度对进入模式的影响最大，贸易联系次之。另外，本书解释了控制变量目标国的 *GDP* 和 *PV* 显著但符号相反的若干原因。

第七章 典型案例分析

在中国领导人不遗余力地推销中国高铁的带动下，中国高铁承包商明白了“一带一路”给中国高铁带来的机遇。从表7-1中可以看出，2010—2014年我国走出国门的高铁承包商在数量上呈现出逐年递增的趋势，并且各家的平均海外营业收入状况也是呈现出逐年递增的趋势，尤其值得注意的是，年海外营业收入超过10亿元的企业数量更是5年间增加了10倍以上。

表7-1 中国高铁承包商国际化概况

年份	有海外营收的承包商数量	平均海外营收（万元）	海外营收超过10亿元的承包商数量
2010	25	116 321	2
2011	40	303 897	12
2012	54	346 942	20
2013	55	385 287	19
2014	57	448 079	22

从以上样本企业中，选择中国交建和回天新材作为案例分析的样本，主要由于中国交建是现在中国高铁承包商“走出去”战略实施的领头企业，更是中国高铁对外投标建设的牵头企业；回天新材是中国高铁建设材料、配件的主要供应企业，也是新兴的高铁承包商。研究透彻这两家企业关于国际高铁的战略将有助于其他高铁承包商与其组成利益共同体，合作开创国际市场；也有助于处于不同高铁建设角色的企业、不同规模的企业，找到各自合适的角色和定位，方便其制定出正确的国际化程度策略。

近几年来，中国土木集团公司的发展战略和经营板块呈现多元化，经营领域包括国际工程承包业务（以土耳其安卡拉至伊斯坦布尔高速铁路为代表）、经援业务（以坦赞铁路为代表）、设计咨询业务（以埃塞俄比亚东部铁路204公里单线电气化为代表）、国内工程承包业务（以深圳地铁三号线龙岗线横岗车辆段项目为代表）、商贸地产及其他服务（以坦桑尼亚奥斯特贝公寓为代表）。

因此，选取中国土木工程集团作为进入模式案例的研究对象，该公司是我国改革开放初期最早进入国际市场的四大外经公司之一，在不断的发展成长过程中，其经营领域不断拓宽，逐步成为了以工程承包为主业，以铁路工程为特色的大型承包商。

7.1 中国交建

中国交通建设股份有限公司（简称“中国交建”，英文缩写为 CCCC，股票代码 601800）成立于 2006 年 10 月 8 日，是经国务院批准，由中国交通建设集团有限公司整体重组改制并独家发起设立的股份有限公司。而中国交通建设集团有限公司是由原中国港湾建设（集团）总公司和原中国路桥（集团）总公司于 2005 年 12 月 8 日以新设合并的方式组建成立的。2005 年，为了完成企业之间的内部整合，原中国港湾建设（集团）总公司和原中国路桥（集团）总公司在国资委的支持下，在不到 9 个月的时间内，对 609 家企业进行了梳理整合，对 327 家公司进行了股权重组，对 96 家企业予以了清理注销，对 80 多家企业进行了产权规范，通过强强联合，组建了中国交通建设集团有限公司，实现了优势互补，水陆联合，形成了交通基础设施建设领域更加完整的产业链条。2006 年 10 月，为了进一步改善资本结构，建立现代企业制度，经国务院批准，中国交通建设集团有限公司以全部主营业务及相关资产作为投入，整体重组改制并独家发起创立了中国交通建设股份有限公司，并于 2006 年 12 月在香港联交所成功整体上市，成为具有国际资本背景的国有控股企业。

中国交建主要从事公路、桥梁、港口、码头、航道、铁路、隧道、市政等基础设施的勘察、设计、建设、监理，港口和航道的疏浚，海洋重型装备与港口机械、筑路机械的制造，以及交通基础设施投资、城市综合体开发运营和房地产开发业务等，拥有 50 家全资、控股子公司，业务足迹遍及世界 120 余个国家和地区（李国栋，2013）。

7.1.1 中国交建国际化发展经验

作为早已在国际上占有一席之地的供应商，中国交建努力将自身打造成“五商中交”，即打造成全球知名的工程承包商、城市综合体开发运营商、特色房地产商、基础设施综合投资商、海洋重型装备与港口机械制造及系统集成总承包商（刘启涛，2014）。“五商中交”战略的第一板块是全球知名的工程承包商，可见国际业务对中交集团的重要性。为实现打造“五商中交”的目标，中国交建从以下五个方面着手提升自身的国际化水平：以资本市场驱动业务发展，以对标国际龙头寻找差距，以结构调整带动产业均衡，以技术创新提供持续动力，以国家支持拓展全球市场（朱雪尘，2009）。

（1）以资本市场驱动业务发展。自上市登陆资本市场后，中国交建就开始逐步开拓海外市场。资本市场让中交改变了很多，也让经营者的思维方式发生了改变，他们意识到自己对股东的责任。

（2）以对标国际龙头寻找差距。早在2005年，中国路桥和中国港湾合并之后，中国交建就开始着手分析自身与国际顶尖企业的差距，通过与国际顶尖建筑企业的定量对比，发现自身存在财务数据不足，业务结构、资产结构、市场结构单一，受宏观调控影响较大，以及在国际范围内整合资源能力不足等缺陷。在与国际顶尖企业对比分析后，中国交建开始弥补自身的短板。

（3）以结构调整带动产业均衡。为了产业的均衡，中国交建对资产结构、业务结构和市场结构进行了调整。资产结构方面，中国交建提出“以主营业务及相关业务领域为主进行项目投资及运营，形成新的利润增长点”的总体发展规划；业务结构方面，中国交建早在2006年就开始拓展新兴业务，比如向铁路延伸。市场结构方面，中国交建要逐渐扩大海外业务所占比重。

（4）以技术创新提供持续动力。中国交建进军海外，与跨国公司竞争还需要技术上的抗衡，这是“走出去”战略能否顺利实施的关键。

（5）以国家支持拓展全球市场。国家为中国交建“走出去”提供了很大的支持，中国交建往往利用两国政府之间的关系和高层之间的运作来开拓一个新的海外市场，尤其现在中国高铁需要“走出去”，中国交建在这方面更是贯彻此项策略，成为中国高铁“走出去”重要的牵头企业。

7.1.2 中国交建样本数据分析

为探讨在中国交建这个案例中探索行为和开发行为对其国际化的影响，我们将中国交建相关数据单独提出，如表7-2所示。由于样本部分数据缺失，这里中国交建只有2011—2014年的相关财务数据。从表中我们不难看出，中国交建2011—2014年海外营业收入呈现一个较大幅度的增长，4年间增长了90%以上，其中2012年和2011年相比较增加了21%，2014年和2013年相比较增加了10%，而在2012—2013年度海外营收有45%的增幅。中国交建在研发投入上4年间递增的增幅在46%以上，其中2011年和2012年相比较几乎没有变化，2013年和2014年相比较也是几乎持平，只有2012—2013年度研发投入上有45%的增幅。中国交建的成本利润率在 2011—2013 年的3 年间并未发生太大变化，始终稳定在 5.7%附近，但是到了 2014 年却有了一个一反常态的提升，达到 11.1%。

表 7-2 中国交建数据概况

名称	年份	海外营业收入（百万元）	研发投入（百万元）	成本利润率	公司年龄	国有企业	公司规模（人）
中国交建 601800	2011	32 151	2 319	0.057	5	1	90 674
	2012	39 022	2 337	0.056	6	1	94 629
	2013	56 738	3 391	0.060	7	1	100 874
	2014	62 247	3 392	0.111	8	1	103 357

如本书 4.4 节所述，采用海外营业收入来衡量企业的国际化程度；选取研发投入来衡量企业的探索性；成本利润率代表企业的开发行为。

由图 7-1 我们不难发现中国交建的研发投入与其国际化程度都呈现共同增长的趋势。其海外营业收入近几年最大的增幅出现在 2012—2013 年，这与中国交建研发投入的激增所处的时间段完全一致。从这案例的数据对比图上我们不难得出判断，中国交建加强探索行为有助于其国际化程度的提高。这与我们的假设 1 的判断是一致的。这也是与中国交建“以技术创新提供持续动力”的策略是一致的。与跨国公司竞争还需要技术上的抗衡，这一直都被中国交建认为是能否成功进军海外，“走出去”战略能否顺利实施的关键。

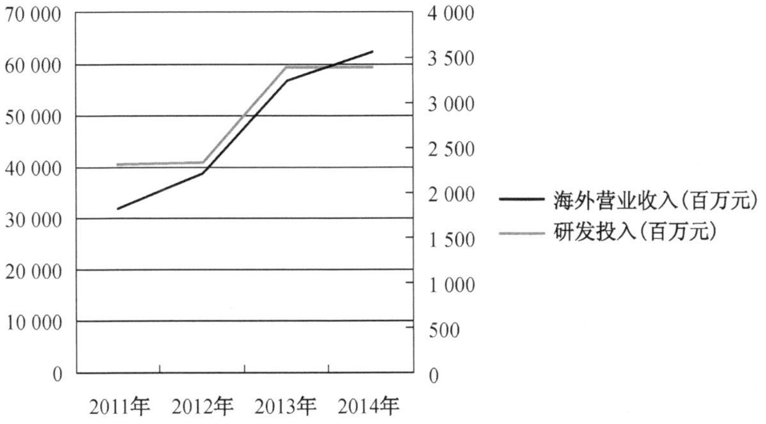

图 7-1 中国交建的探索行为与国际化对比图

如图 7-2 所示，中国交建的成本利润率 2011—2013 年都维持在一个较低的水平上（只有 5.7%左右），只有 2014 年的成本利润率上升到了 11.1%（全样本成本利润率平均为 12.4%)。假设 2 的判断在中国交建案例的开发行为与国际化对比图上未得到验证。

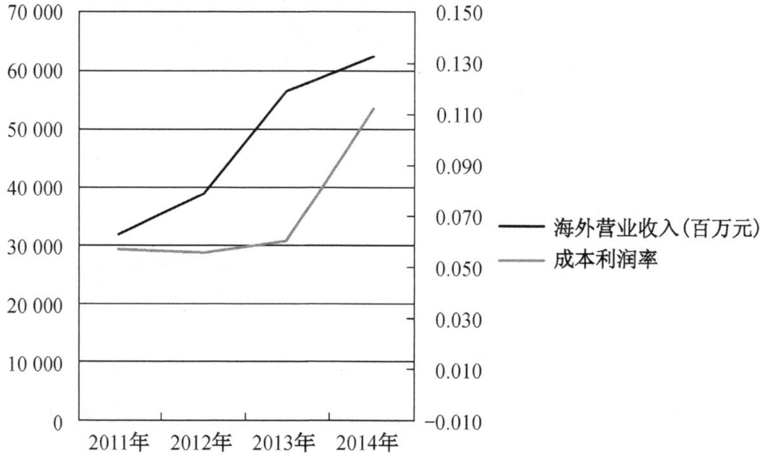

图 7-2 中国交建的开发行为与国际化对比图

7.2 回天新材

湖北回天新材料股份有限公司(公司简称“回天新材”,股票代码 300041)最早成立于 1998 年,是由襄樊回天胶黏有限责任公司整体改制成立的股份公司。公司主要从事胶黏剂和化学品的研发、生产和销售,产品涵盖了高性能有机硅胶、丙烯酸酯胶、厌氧胶、环氧树脂胶、聚氨酯胶等 5 大类、40 个系列、300 多种工程胶黏剂产品。该企业是中国汽车制造业、工程、建筑、电子用胶黏剂最大供应商之一。公司先后获得国家火炬计划重点高新技术企业、中国优秀民营高科技企业、中国最具竞争力高新技术企业 100 强、中国胶黏剂市场产品质量用户满意第一品牌、中国驰名商标等多项荣誉。公司经过近 20 年的发展,已经成为国内工程胶黏剂行业规模最大的内资企业、国家认定的“高新技术企业”。自主研发的有机硅高铁轨道嵌缝密封胶和双组份聚氨酯高铁轨道嵌缝密封胶已是高铁建设必不可少的材料,并已批量生产投入高铁建设使用。

就在 2016 年,该企业通过了上海经信委牵头,松江区经信委、东华大学、上海工程技术大学等多方对其“新能源用超高性能黏接密封胶生产线技术改造项目”的验收工作。这也是该公司迄今为止技术含量最高、投资额最高、获得国家资助的重大技改项目。回天新材成立前后都经历过股权重组、内部整合等一系列工作，为迎接更大的市场挑战做足了功夫。在国内胶黏剂行业中都是影响力巨大的企业，且在中国高铁建设领域取得了不俗的成绩。可以说，回天新材的发展路径和方式是值得中国高铁承包商中较小的配件和材料供应商学习的。

为探讨在回天新材这个案例中探索行为和开发行为对其国际化的影响，我们将回天新材相关数据单独提出，如表 7-3 所示。由于样本部分数据缺失，这里回天新材也只有 2011—2014 年的相关财务数据。从表中我们不难看出，回天新材 2011—2014 年海外营业收入也是呈现出较大幅度的增长，4 年间增长约 120%，其中 2012 年和 2013 年相比较增加了 38%，而 2012—2013 年度海外营收有 20%的增幅，2014 年和 2013 年相比较增加了 33%。回天新材在研发投入上 4 年间总的趋势也是递增的，增幅在 153%以上，其中 2012 年和 2011 年相比较增幅在 20%，2012—2013 年度研发投入有 43%的增幅，2014 年和 2013 年相比较增幅在 48%。回天新材的成本利润率在 2011—2014 年的 4 年间呈现稳定的下降趋势，这与逐年递增的海外营收形成了反差。

表 7-3　回天新材数据概况

名称	年份	海外营业收入（百万元）	研发投入（百万元）	成本利润率	公司年龄	国有企业	公司规模（人）
回天新材 300041	2011	0.596	20.848	0.299	13	1	410
	2012	0.821	25.052	0.256	14	1	411
	2013	0.985	35.865	0.261	15	1	792
	2014	1.310	52.905	0.225	16	1	997

如图 7-3 所示，我们不难发现回天新材 2011—2014 年的海外营业收入与企业研发投入几乎呈现了一一对应的增长态势。从回天新材这个案例的数据对比图上我们不难得出判断，中国高铁承包商加强探索行为有助于国际化程度的提高。这与我们的假设 1 的结论是一致的。

如图 7-4 所示，回天新材的成本利润率从 2011—2014 年呈现逐年递减的状况，这与回天新材逐年递增的海外营业收入形成强烈的反差。我们还发现，回天新材的成本利润率减少较多的年份，其海外营业收入增加反而更多。假设 2 的结论在回天新材案例的数据对比图上得到了部分验证，即中国高铁承包商越注重开发行为，国际化程度就越低。

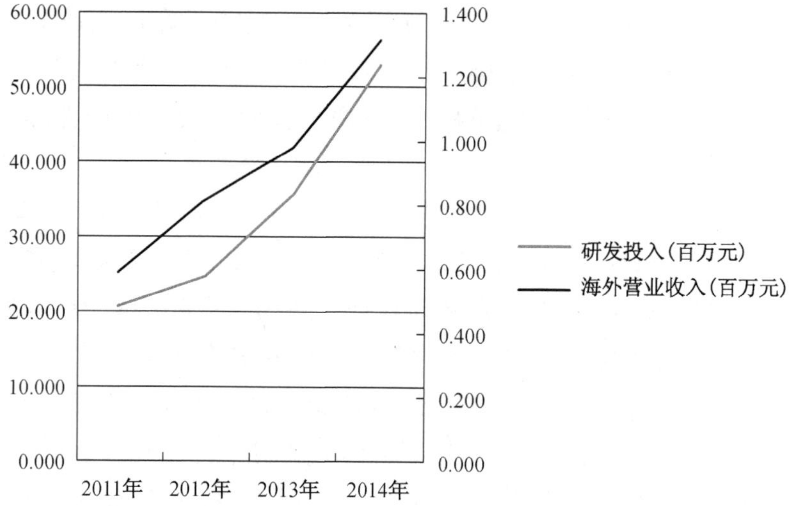

图 7-3　回天新材的探索行为与国际化对比图

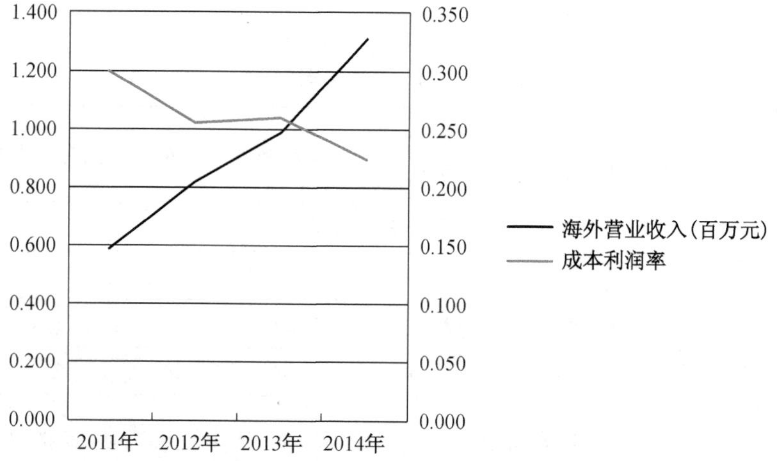

图 7-4　回天新材的开发行为与国际化对比图

7.3　中国土木工程集团

中国土木工程集团公司(China Civil Engineering Construction Corporation, CCECC)成立于1979年,是最早进入国际工程承包市场的承包商之一,其前身是中国铁道部援外办公室,曾负责营建坦赞铁路(中国最大的经援项目)。

1979年6月1日,中国土木工程公司经中国国务院正式批准成立,成为我国第一批参与国际工程承包市场竞争的四家公司之一。

1996 年 12 月 26 日，在国家经济贸易委员会铁道部的批准下，以中国土木工程公司为核心企业组建了中国土木工程集团，后名为中国土木工程集团公司。

2000 年 9 月，中国土木工程集团与铁道部脱钩，成为中央企业工委直接管理的企业。

2003 年初，中国土木工程集团公司成为国资委直接管理的 196 家中央企业之一。

2003 年 9 月，根据国资委《关于中国铁道建筑总公司与中国土木工程集团公司实施重组的批复》（国资改革函〔2003〕153 号）文件精神，中国土木工程集团公司以并入的方式实现了与中国铁道建筑总公司的战略性重组。

2007 年 12 月，集团公司完成改制后的工商登记，名称变更为"中国土木工程集团有限公司"。

中国土木工程集团公司国际品牌（CCECC，以下简称中国土木工程集团）已在国际市场享有一定的声誉，在中国香港、阿尔及利亚、博茨瓦纳、阿联酋、尼日利亚等市场都取得了当地经营的最高资质（石力，2007）。根据 ENR2015 年度报告，中国土木工程集团位列全球 250 强国际承包商榜单第 47 位，比 2014 年提升 24 位，国际营业额为 26.9 亿美元，全球营业额为30.85亿美元，新增合同额为 160 亿美元。

凭借拥有"中国铁路工程施工总承包商特级资质"、连续 17 年入选全球最大 225/250 家国际承包商，中国土木工程集团赢得了多项荣誉，包括"国有企业 500 强""中国对外承包工程和对外劳务合作 AAA 级信用等级企业""对外承包工程企业社会责任奖""中国境外成套工程 AAA 级信用企业""中国对外承包工程优秀企业奖""中国建筑业功勋企业"等。更重要的是，CCECC 已经在世界范围得到了业主的认可并受到广泛的赞誉。

近几年来，中国土木工程集团的发展战略和经营板块呈现多元化，经营领域包括国际工程承包业务（以土耳其安卡拉至伊斯坦布尔高速铁路为代表）、经援业务（以坦赞铁路为代表）、设计咨询业务（以埃塞俄比亚东部铁路 204 公里单线电气化为代表）、国内工程承包业务（以深圳地铁三号线龙岗线横岗车辆段项目为代表）、商贸地产及其他服务（以坦桑尼亚奥斯特贝公寓为代表）。

选择中国土木工程集团作为案例分析对象的原因有二：一是该企业承接的国际工程以交通工程为主（表 7-4），二是该企业在实现多元化战略发展的同时，形成了以铁路建设为特色的发展模式，承揽了包括高铁的众多铁路项目，自承建坦赞铁路以来，中国土木工程集团承建的国外铁路项目还有埃塞俄比亚至吉布提铁路项目、土耳其安卡拉至伊斯坦布尔高速铁路等(表 7-5)。

表 7-4 行业结构分布(%)

年份	房建	制造业	电力	水利	排水/废弃物	工业/石油	交通	废物处理	电信
2010	32	0	0	4	0	0	64	0	0
2011	22	0	0	0	0	0	78	0	0
2012	8	0	0	0	0	0	92	0	0
2013	5	0	0	1	0	0	94	0	0
2014	5	0	0	0	0	0	95	0	0

表 7-5 承建的海外铁路项目

项目名称	项目所在国	合同模式	工作内容	工程标准
亚吉新建铁路	埃塞俄比亚	EPC	规划、设计、融资、采购、施工	中国标准
铁路现代化项目	尼日利亚	EPC	规划、设计、融资、采购、施工	中国标准
安伊高铁二期	土耳其	EPC	设计、采购、施工	欧洲标准
阿黑铁路项目	阿尔及利亚	施工承包	工程施工	欧洲标准
CTW400 铁路项目	沙特	施工承包	铺轨施工	欧洲标准
麦加高速铁路	沙特	施工承包	桥涵建设	欧洲标准
中央线换轨项目	坦桑尼亚	施工承包	铁路换轨施工	英国标准

7.3.1 市场选择分析

为了便于分析并和前文相互衔接,本书在中国土木工程集团进入市场统计方面涵盖了在 64 个国际市场的存在情况。在充分利用 2011—2015 年度 ENR 报告和公司官网等网络信息的基础上,本书整理出了中国土木工程集团在国际市场的分布情况和行业结构分布情况(表 7-6)。

表 7-6 中国土木工程集团国际市场分布

序号	国家/地区	*GDP*	*PV*	*GD*	*CD*	*ID*	*IE*
1	俄罗斯	27.60	−0.86	13.23	3.50	0.01	15.13
2	以色列	25.97	−1.13	13.52	5.33	0.31	13.79
3	沙特阿拉伯	26.90	−0.37	13.48	1.65	0.22	15.66
4	土耳其	27.16	−1.07	13.50	2.45	0.23	14.48
5	阿联酋	26.16	0.85	13.31	1.78	0.36	15.18

续　表

序号	国家/地区	*GDP*	*PV*	*GD*	*CD*	*ID*	*IE*
6	中国香港	26.18	0.96	12.00	0.16	0.72	17.28
7	日本	29.18	0.96	12.21	3.74	0.39	17.28
8	新加坡	25.99	1.25	12.94	0.52	0.68	15.74
9	埃塞俄比亚	23.95	−1.45	13.65	0.45	0.02	12.15
10	尼日利亚	25.89	−2.08	13.96	0.47	0.08	13.97
11	塞拉利昂	21.68	−0.22	14.07	0.73	0.05	10.96
12	坦桑尼亚	23.98	−0.15	13.78	0.74	0.11	12.50
13	赞比亚	23.39	0.43	13.91	1.05	0.14	12.74
14	利比亚	24.36	−0.95	12.23	1.22	0.24	13.21
15	巴基斯坦	25.99	1.25	12.94	0.52	0.68	15.74
16	印度尼西亚	26.77	−0.61	13.07	0.47	0.10	15.60
17	德国	28.78	0.85	13.61	3.38	0.39	16.60
18	波兰	26.73	0.97	13.51	3.54	0.25	14.14
19	巴西	27.79	−0.08	14.37	2.53	0.10	15.91
	平均值	26.02	−0.08	13.33	1.80	0.27	14.63

注:各变量值为该国 2010—2014 年的平均数据

表 7-6 不仅体现了中国土木工程集团近 5 年进入了哪些国际市场,也具体列出了进入这些地区的具体数:*GDP*、*PV*、*GD*、*CD*、*ID*、*IE*。表 7-7 是中国土木工程集团选择的市场数据和全样本数据的比较,从地理距离(*GD*)来看,中国土木工程集团的这一数据小于全样本的平均值,说明地理距离仍然是中国土木工程集团决策者考虑的因素之一,较小的地理距离可以方便地运输原材料、机械设备和劳务人员,这和 H1 是一致的。从文化距离(*CD*)来看,中国土木工程集团的这一数据小于全样本平均值,说明中国土木工程集团在选择市场时更偏向同中国文化距离小的国家,这样可减少双方沟通的障碍和因价值思维、生活传统习俗不同而产生冲突的可能性,这和 H2 是一致的。从贸易联系(*IE*)来看,中国土木工程集团数据的均值大于全样本均值,说明中国土木工程集团偏向进入同中国贸易紧密的国家,这和 H4 也是一致的。从制度距离(*ID*)来看,中国土木工程集团数据的均值略大于全样本的均值,说明中国土木工程集团在市场选择时有更大的选择范围,可以克服较大制度距离而带来的不良影响。中国土木工程集团在国际市场经营多年,熟悉多国的法律制度和政府规章制度,因此能凭借自己丰富的国际化经验来应对制度距离带来的挑战。

表 7-7　市场选择样本数据对比分析

样本分类	*GDP*	*PV*	*GD*	*CD*	*ID*	*IE*
中国土木工程集团	26.02	−0.08	13.33	1.80	0.27	14.63
全样本均值	25.83	−0.20	13.40	2.54	0.24	14.17

ENR 报告不仅统计了承包商进入了哪些市场，也细化了承包商在各个具体行业的营业额占比。ENR 把建筑行业进一步划分为房屋建筑、制造业、电力、水利、排水/废弃物、工业/石油化工、交通、有害废物处理、电信 9 个小行业。ENR 用承包商在各个行业营业额的百分比来确定行业分布数据。由表 7-5 可以看出，中国土木工程集团的主要优势在于交通领域建设和房屋建筑两大方面：根据 2015 年度的 ENR 报告，在 2014 年的国际市场中，中国土木工程集团 85%的营业额来自交通领域。

7.3.2　进入模式分析

本书把进入模式划分为合同模式和投资模式两大类。中国土木工程集团的投资模式统计资料来源于该公司官网资料，这样更能权威地回答中国土木工程集团在哪些国家采用了投资模式。前文讨论了进入模式统计的方法，即投资模式具有优先性，承包商在一个国家采用高资源承诺的组织模式（即投资模式）后，便默认为不会采用合同模式再组织生产经营活动；另一方面，当 ENR 显示承包商出现在某国进行建筑活动而又在当地无常驻机构（包括分公司、独资公司、办事处等形式），本书则认为承包商在在该国的进入模式为合同模式。

表 7-6 显示了中国土木工程集团近五年（2010—2014 年）所进入的市场，表 7-8 是该承包商采用投资模式进入的地区，本书认为在剩余地区（即在表 7-6 中出现而在表 7-8 中未出现的地区）中国土木工程集团采用合同模式进入的方式来开拓国际市场，结果如表 7-9 所示。

表 7-8　中国土木工程集团采用投资模式进入的地区

序号	国家/地区	驻外机构
1	坦桑尼亚	中国土木工程集团东非有限公司
2	埃塞俄比亚	中国土木工程集团埃塞俄比亚工程有限公司
3	阿联酋	中国土木工程集团有限公司阿联酋分公司
4	沙特阿拉伯	中国土木工程集团有限公司沙特分公司
5	利比亚	中国土木工程集团有限公司驻利比亚办事处

续　表

序号	国家/地区	驻外机构
6	新加坡	中国土木工程集团新加坡有限公司
7	印度尼西亚	中国土木工程集团集团公司驻印度尼西亚办事处
8	日本	中国土木工程集团集团公司日本代表处
9	土耳其	中国铁建土耳其安卡拉分公司
10	德国	中国土木工程集团集团驻德国办事处
11	波兰	中国土木工程集团(波兰)有限公司
12	巴西	中国土木工程集团巴西国际商业有限公司
13	俄罗斯	中国土木工程集团(俄罗斯)有限责任公司
14	尼日利亚	中国土木工程集团尼日利亚有限公司
15	中国香港	中国土木工程集团(香港)有限公司

表 7-9　中国土木工程集团采用合同模式进入的地区

序号	国家	序号	国家
1	以色列	3	塞拉利昂
2	巴基斯坦	4	赞比亚

从表 7-8、表 7-9 可以看出,中国土木工程集团在国际市场多采用投资模式进入,采用投资模式的比例近 80%。首先从企业国际化程度来看,小样本 *DOI* 的 0.91 是全样本数据的两倍多,中国土木工程集团将重点放在经营国际市场,在多数国家采用投资模式进入,这和 H7 结果一致,即国际化程度高的承包商多采用投资模式进入(表 7-10)。从文化距离的变量值来看,3.27 大于 2.72,中国土木工程集团在熟练采用投资模式进入国际市场后,熟悉了当地的人文环境和交往习惯,能够克服较大文化距离带来的挑战。从贸易联系来看,中国土木工程集团数据平均值大于全样本平均值,显示中国土木工程集团决策者在进入贸易联系紧密的市场时更多地采用投资模式进入,这和 H10 的结论是一致的。

表 7-10　进入模式样本数据对比分析

样本	*CD*	*ID*	*DOI*	*IE*	*SIZE*	*GDP*	*PV*
中国土木工程集团	3.27	0.23	0.91	14.61	7.37	26.01	−0.30
全样本均值	2.72	0.23	0.42	14.46	7.09	25.81	−0.22

以尼日利亚市场为例,中国土木工程集团在该国设立了中国土木工程集团尼日利亚有限公司(以下简称中土尼日利亚有限公司)。尼日利亚地处西部非洲,是

非洲最大的产油国和第二大石油出口国，拥有丰富的石油资源，投资于电力、房建和道路等基础设施的资金额也不断增长(贺炬，2012)。但是尼日利亚不断出现的政治暴力事件给投资者带来极大的投资风险，这不仅会导致实际的经济损失，也会对中国对非直接投资的发展带来巨大的阻碍作用(肖卓立，2012)。

而中土尼日利亚有限公司的设立可以从很大程度上化解风险，确保经营的可持续性和安全保障。首先，该公司重视经营上的属地化发展战略，公司不仅是土生土长的，而且大量雇佣当地人来充实公司的管理层。该公司的很多董事、股东和雇员都是当地人，大量地解决了当地社会的就业问题；在生产建设阶段，充分利用当地的自然资源和人力资源。属地化发展可以在很大程度上增加当地社会对公司的信任和理解，化解了冲突的可能性，增加了组织的合法性。其次，在公司发展战略上，自觉地和东道主的发展规划相结合，把公司的发展和当地社会经济相结合，从而很大程度上增加了同当地的紧密联系，有效地化解了各种风险的发生可能。

7.4 本章小结

通过对回天新材和中国交建的案例分析，我们发现在回天新材案例中，中国高铁承包商的探索行为与其国际化呈现正相关，而开发行为对其国际化有负向影响，这与我们的 H1 和 H2 完全一致。在中国交建的案例中，中国高铁承包商的探索行为与其国际化呈现正相关，而开发行为对其国际化的影响却不明显，我们的 H1 在这得到了验证，而 H2 并没有在中国交建的案例中得到验证。

中国土木工程集团是国际顶尖承包商，在 2015 年度的 ENR250 强国际承包商中排名第 47 位，该公司在国际市场以铁路建设为特色，承担了土耳其安伊高铁和尼日利亚铁路现代化项目的建设，因此本章选择中国土木工程集团公司作为案例分析的对象，更具代表性和说服力。本章介绍完中国土木工程集团的基本情况后，阐述了安伊高铁和尼日利亚铁路现代化项目的具体情况。结合全样本的数据，用具体数据对比分析了中国土木工程集团公司在市场选择和进入模式方面的特点。

第八章 总结与展望

8.1 总结

我国高铁起步于2004年，通过两次招标，我国正式引进了德国西门子、法国阿尔斯通、加拿大庞巴迪、日本新干线的先进高铁技术。之后，在引进先进技术的基础上，南车集团和北车集团在我国政府统一规划部署下，经过消化吸收和再次创新，迅速掌握了高铁技术，我国成为全球高铁技术领先的少数几个国家之一。

高铁产业链覆盖了基建、铺轨、车辆和后期的运营，因此若能将我国高铁标准推广出去，实现我国高铁产业链的整体出口，将极大带动我国相关产业的发展，促进我国的经济上升到一个更高的平台。因此，我国高铁承包商有能力和经验来对高铁的全过程进行管理，业务范围可以涵盖前期的勘测设计、规划、融资、采购、施工和运营。我国高铁承包商已经成功承建或中标多个国际高铁项目。

8.1.1 国际化程度

在中国这样一种从计划经济向市场经济转型的新兴经济体制背景下，以及"一带一路"倡议的实施和WTO的加入，使中国登上了一个前所未有的国际大舞台，竞争对手从国内的承包商开始转向国际一流的承包企业。中国高铁承包商值此国际高铁建设高潮即将到来之际，应该想方设法提升自身竞争的软硬实力，放眼国际市场，以此谋求更快的国际发展和更大的利益。

从ENR225强的国际承包商发展战略看，国际化被认为是一种企业发展的必然选择。寻求海外资源、追求利润或是开发新市场是国际化最基本的动机。企业能够借由开发国外市场产生规模经济、降低成本、获取原料、降低经营风险、规避贸易障碍等好处(Porter，1980；Hitt et al，1997)。对于发展中国家而言，国际化有助于加快进入市场，降低海外市场营销成本(张敏、武齐，2010)。过去几十年随着对国际化程度研究的深入，许多新的问题也被提出，例如企业在国际化程度中需要时间去适应目标市场的环境，也有必要在产品、市场营销、组织结构上提出创新(Vermeulen & Barkema，2002)。这也为中国学者开展国际化研究开拓了新思路。

本书基于“双元组织”理论，研究了中国高铁承包商国际化程度和双元组织行为的关系。在文献综述的前提下，建立了研究模型。利用锐思数据库披露的2010—2014年的财务报表，提取相关数据，借助EVeiws等软件进行了回归模型分析，得到如下的结论：

(1) 中国高铁承包商加强探索行为，有助于国际化程度的提高。现代高铁技术早已不再是高铁发展初期所使用的技术，它早已成为一种不断创新迭代的技术。在这样的发展形势下，需要企业持续高效地投入到技术创新和研发中。一来能够有自主知识产权的成套高铁技术和设备对外出口，二来也能够保证在专利上不受国外一流高铁承包商的挟持。这是中国高铁“走出去”的前提和基础。

(2) 中国高铁承包商越注重开发行为，国际化程度就越低。这里提出这样的结论并不是否定了中国高铁承包商开发行为对国际化的支持。相反，是从另一个角度指出企业的生存是根本，将更多的精力放在降低成本、维护现有市场和客户、高效利用现有技术，并以此来获取更多价值，多积攒资本、资源和经验，待到国际高铁发展高潮到来时，可以将更多的企业资源投入到国际高铁建设中去。这也是一些较小的中国高铁承包商可以进军国际化的策略。

同时，本书选取了回天新材和中国交建两家具有代表性的企业进行了分析，验证了上述的结果。

8.1.2 市场选择

为了探讨中国高铁承包商在市场选择时，哪些因素影响了该决策，本书首先整合折衷理论、国家整体吸引力理论和制度理论等关于市场选择的文献，通过文献回顾，发现地理距离、文化距离、制度距离、贸易联系会对市场选择产生影响。为了验证上述四个因素对市场选择的影响，本书提出了H3、H4、H5和H6，并采用目标国*GDP*和目标国政治稳定作为控制变量。中国高铁承包商样本来自2011—2015年度ENR榜单的中国承包商，通过多元线性回归，本书验证了上述四个假设：即中国高铁承包商更愿意进入地理位置临近的目标国；中国高铁承包商更倾向于进入文化距离小的国际市场；目标国—母国之间的制度距离越小，中国高铁承包商则更愿意进入该目标市场；贸易联系紧密的目标国更具有吸引力，中国高铁承包商会更愿意进入该国市场。换句话说，地理距离、文化距离、制度距离减小了选择某国市场的概率，贸易联系则增加了进入该国的可能性。

8.1.3 进入模式

在进入模式的研究部分，完成工作主要包括两个方面：一是结合前人研究成果和工程行业特点，提出适合工程行业的进入模式分类；二是通过实证研究方法验证了关于进入模式的四组假设。

本书把工程行业的进入模式划分为 BOT、EPC、独资项目、合资项目、合资企业、独资公司、分公司、办事处 8 个小类，其中前 4 个小类进一步划分为合同模式，后 4 个小类进一步划分为投资模式。

在国际商务领域和国际化的研究中，关于进入模式的研究比较有影响的学说有折衷理论、制度理论、资源基础理论。从传统文献中，本书选取了国际化程度、文化距离、制度距离、贸易联系作为自变量，以目标国 GDP、目标国政治稳定、企业规模为控制变量。在实证部分，选取了 46 家承包商在 64 个国际市场的进入模式情况为因变量数据源，共搜集样本 696 个，最终验证了 H7、H8、H10，即国际化程度高的中国高铁承包商更愿意选择投资模式进入国际市场；进入文化距离小的国家，中国高铁承包商用投资模式的概率更大；中国高铁承包商在进入贸易紧密的国家时，更愿意采用投资模式进入。由于在 H9 中，制度距离并不显著，H9 没有得到验证。

8.2 我国高铁承包商国际市场进入建议

我国高铁是“中国名片”，推动高铁成功踏入海外市场，更重要的是推动高铁标准的输出，只有如此才能带动高铁全产业链的整体发展和外贸水平，在更高程度和水平上推动我国的产业出口，进而拉动我国的经济发展。本小节主要从市场选择和进入模式两方面对我国高铁承包商的发展提出策略性建议。

8.2.1 国际化程度

根据以上的研究的结果，从双元组织行为对企业国际化程度的影响角度，提出如下研究建议：

(1) 现阶段，中国高铁承包商应该加大企业探索行为的投入。研究证明，我国上市的高铁相关承包商中，国际化程度高的企业在研发投入上也较多。因此，国际高铁建设高潮到来之前，我国高铁承包商还是应当加大技术创新和自主研发的力度，尽早摆脱国际一流高铁承包商的技术依赖，坚定不移地走可持续发展道路，为参与到国际高铁建设中积攒实力。

(2) 一些较小的高铁承包商应在现阶段加大企业开发行为的投入,在提高企业利润率的同时,多积攒资本、资源和经验,为即将要到来的国际化挑战做好前期准备。虽然中小型的高铁承包商也要注重核心竞争力的培育,但需要防止出现因不以核心竞争力为基础的盲目扩张,最终导致企业绩效的下降,这会增加企业的经营风险。只有当企业能力、资源和市场机会三者相互匹配时,企业国际化战略才能成功实施。

(3) 非国有企业应该积极寻求提高企业国际化的途径。研究证明,在我国上市的高铁承包商中,24 家国有企业的国际化程度好于非国有企业。究其原因,主要是国有企业有响应国家"走出去"战略号召的义务,且国有企业更愿意跟随国家的外交脚步,将中国高铁推向世界。现在不光是企业层面,连国家层面都提出了组团"走出去"的号召,这也许也为非国有企业提供了一个高效的、低风险的国际化模式。

8.2.2 市场选择

通过回归分析,本书发现地理距离、文化距离、制度距离对东道主被选择的概率具有抑制作用,也即承包商更愿意优先进入同中国地理位置临近、文化差异小和制度差异小的市场。中国承包商进入地理位置临近的东盟等邻国具有天然的优势:地理位置的靠近不仅降低了交通运输等生产性成本及人员沟通成本,因同属亚洲国家,周边国家在同中国的长期交往过程中深受中国儒家文化的影响,双方文化差异相对较小,有助于互信的建立和误解误判的减少。两国贸易的紧密程度对东道主国家的选择具有正向促进作用,承包商应选择进入同中国贸易联系紧密的国家。双边关系,尤其是两国政治关系和经贸关系,在大型基础设施的商务洽谈中,业主是东道主政府,为了获得大型项目,往往需要获得对方政府的首肯和支持才行得通。本书通过实证分析看到,两国贸易的紧密程度,将决定目标国的吸引力程度。因此,在政府层面,需要政府维护和加深与东道主国家的政治关系和经贸联系。

8.2.3 进入模式

本书通过回归发现,企业国际化程度、文化距离和贸易联系对进入模式影响显著,因此承包商在做进入模式决策时,应考虑承包商的自身能力、特点和中国—东道主之间的差异程度。企业要根据自身的国际化程度来选择合适的进入模式,对于国际化程度高的企业应选择投资模式进入东道主,而国际化程度低的企业应该选择合同模式进入。承包商在进入同中国文化距离小的国家时，应该选择投资模式，而在进入同中国文化距离大的国家时应该选择合同模式。承包商在进入同中国贸易联系紧密的国家时，应该选择投资模式，而在进入同中国贸易联系一般的国家时，应该选择合同模式。

8.3 创新点

（1）以往国内关于企业国际化进程的研究主要以零售业、制造业或金融货币行业为背景，本书创新性地以高铁行业为研究背景，研究中国高铁承包商的国际化进程策略，既是对高铁领域研究内容的一个重要补充，又丰富了国际化理论在实践中的应用。此外，本研究也将为我国高铁承包商开拓国际高铁市场，提供科学的、具备可操作性的国际化进程策略分析和战略支持。

（2）结合工程行业特点，将进入模式划分为合同模式和投资模式，并从属地化、风险水平、控制力度、资源承诺水平进行了阐述。

（3）以中国高铁承包商为研究对象，通过回归分析的方式同时对市场选择和进入模式进行了相关研究，将企业国际化的研究从传统制造业扩充到工程建设行业，丰富了国际化研究的内涵和内容。

（4）在市场选择部分，选择中国整体承包商的市场选择为对象，回答了哪些因素吸引了承包商进入目标国，避免了企业战略、企业偏好等企业自身因素对市场选择的干扰，因此得出的结论更能适合多数企业，更有说服力。

8.4 展望

对于后期的研究，可以在以下几个方面进行相关的研究：

第一，本书选取了双元组织行为对国际化程度的影响进行了实证，但在数据衡量时，尤其是双元组织行为的衡量存在一定的主观性，致使本书存在一定的局限性，后续研究可以通过多种方法衡量企业双元组织行为来弥补这一局限性。

第二，关于国际化程度，后续研究可考虑从如下几个方面开展：① 可以通过国际化的范畴、规律性等方面丰富企业国际化衡量指标；② 将上市的高铁相关企业研究样本中的高铁业务相关数据，单独提出以精确研究范围；③ 研究双元组织行为和企业国际化关系时，还需要考虑其他因素来完善研究模型，比如管理者能力、组织发展战略、国家支持等，以此完善模型的说服力。

第三，从研究对象来看，本书探讨的是中国（作为发展中国家）企业的国际化，也即市场选择和市场进入模式两个方面，后续研究可以进一步探讨文中这些变量对发达国家的承包商国际化是否有着类似的影响。

第四，当前对市场选择和进入模式的关系研究相对较少，今后可以讨论市场选择和进入模式的关系及二者是否为同一个决策过程。

第五，企业国际化问题包括进入哪国、采取哪种进入模式、何时进入，本书初步探讨了前两个问题，而在国际商务领域和企业国际化问题研究范畴中，针对“何时进入”的研究极少。本书认为“何时”问题应该包括两个方面，即企业在何时或者什么情况下选择开拓国际市场；企业何时或者在什么情况下选择离开某个市场。因此，今后可以对“何时”问题进行相关研究。

参考文献

[1] 查尔斯·希尔. 2004. 当代全球商务[M]. 曹海陵,刘萍,译. 北京:机械工业出版社.

[2] 陈德金. 2011. 中国传媒集团国际化发展战略研究——基于跨文化的视角[D]. 上海:上海交通大学.

[3] 陈寒,廖富阔. 2012. 我国高铁产业的 SWOT 分析及发展对策研究[J]. 科技管理研究,(14):136-139.

[4] 陈怀超,陈安. 2014. 跨国公司国际市场进入模式的理论梳理与评析[J]. 未来与发展,(3):20-25,100.

[5] 陈宇,张宝明,李佳璐. 2012. 中国影视贸易国际化目标市场选择模型研究[J]. 商品与质量,(S6):54-55.

[6] 陈雨薇. 2014. 中国高铁的政府主导集成创新模式研究[D]. 哈尔滨:哈尔滨工业大学.

[7] 戴培新. 2010. 尼日利亚铁路援建工程跨国项目管理系统建设[J]. 人民长江,41(21):102-106.

[8] 范宇峰. 2013. 基于 CAGE 距离模型之资源型央企国际市场进入模式研究[D]. 北京:中国地质大学.

[9] 方妍. 2015. 中国高铁出口东盟的机遇与挑战[J]. 商,(25):110.

[10] 高翔. 2014. 文化、地理与制度三重距离对中国进出口贸易的影响:理论与实证研究[D]. 合肥:合肥工业大学.

[11] 国家铁路局. 2015. 我国高速铁路未来发展前景[Z].

[12] 海本禄. 2012. 国际化进程中的动态能力绩效机制研究[J]. 中国科技论坛,(11):78-84.

[13] 何本芳,张祥. 2009. 我国企业对外直接投资区位选择模型探索[J]. 财贸经济,(2):96-101.

[14] 贺炬. 2012. 浅议海外投资风险及其防范措施——以投资尼日利亚为例[J]. 当代经济,(14):80-81.

[15] 胡明礼. 2014. 我国建筑企业海外本土化经营研究[D]. 北京:北京交通大学.

[16] 贾季萍. 2010. 工程承包企业海外市场进入模式选择研究[J]. 法制与经济(中旬刊),(3):107-108.

[17] 李国栋. 2013. 中国交通建设集团转型升级战略研究[D]. 武汉:武汉理工大学.

[18] 李恒,金志刚. 2009. 中国建筑企业国际市场进入模式决策体系研究[J]. 土木建筑工程信息技术,(1):13-23.

[19] 李巍. 2012. 国际营销动态能力的结构维度与关键驱动因素研究——资源与制度的双重视角[D]. 天津:南开大学.

[20] 刘晶. 2012. 制度距离与南方国家对外直接投资的区位选择与绩效:理论与实证分析[D]. 天津:南开大学.

[21] 刘梦玮. 2010. 零售企业场选择影响因素研究——以香港零售业为例[D]. 武汉:湖北大学.

[22] 刘起涛. 2014. 如何打造“升级版中交”[J]. 施工企业管理,(1):69-74.

[23] 刘延宏,刘玉明. 2015. 中国铁路产业“走出去”的经验与教训[J]. 建筑经济,36(12):20-23.

[24] 鲁桐. 2000. 企业国际化阶段、测量方法及案例研究[J]. 世界经济,(3):9-18.

[25] 陆歆弘. 2003. 中国建筑业成长发展轨迹与增长影响因子研究[D]. 西安:西安建筑科技大学.

[26] 罗敏. 2011. 云南省农产品企业国际市场进入模式研究[D]. 武汉:武汉理工大学.

[27] 马建威,林灵. 2010. 三家上市公司的一体化发展战略分析[J]. 财务与会计,(8):21-23.

[28] 仁威. 2007. 在高风险的尼日利亚执行“第一大单”——中国土木工程集团公司副总经理陈晓星先生专访[J]. 国际工程与劳务,(2):10-12.

[29] 申孟哲,白梓岑. 2015. 中国企业在海外的苦辣酸甜[N]. 人民日报海外版,41-43.

[30] 沈鲸. 2011. 双元组织能力的研究综述、评析与展望[J]. 中国科技论坛,(7):114-121.

[31] 石力. 2007. 中国建筑企业国际市场定位问题研究[D]. 北京:对外经济贸易大学.

[32] 石鸟云. 2012. 基于制度理论的跨国公司东道国选择问题研究[J]. 科技和产业,(8):110-114.

[33] 宋渊洋,李元旭,王宇露. 2011. 企业资源、所有权性质与国际化程度——来自

中国制造业上市公司的证据[J]. 管理评论,23(2):53-59.
[34] 隋易宏. 2015. 制度距离对所有权模式的影响:国有股权、经验的调节作用[D]. 杭州:浙江大学.
[35] 孙艳玲,何源,李阳旭. 2010. 例说 SPSS 统计分析[M]. 北京:人民邮电出版社.
[36] 唐一中. 2008. 国际工程市场进入模式分类和选择模型研究[D]. 上海:同济大学.
[37] 万国顺,胡莎. 2006. 企业国际化与经营绩效:中国制造业上市公司的实证研究[J]. 系统工程,24(12):80-83.
[38] 万伦来,高翔. 2014. 文化、地理与制度三重距离对中国进出口贸易的的影响——来自 32 个国家和地区进出口贸易的经验数据[J]. 国际经贸探索,30(5):39-48.
[39] 汪旭晖. 2007. 基于空间互动模型的跨国零售商海外市场选择研究[J]. 生产力研究,(1):42-44.
[40] 王方华,曾赛星,宛天巍. 2007. 长三角都市圈制造业企业国际化战略研究[M]. 上海:三联书店.
[41] 王国顺,胡莎. 2006. 企业国际化与经营绩效:中国制造业上市公司的实证研究[J]. 系统工程,24(12):80-83.
[42] 王金岩. 2012. 利比亚变局对中国海外经济利益的影响[J]. 阿拉伯世界研究,(2):36-50.
[43] 王凯. 2010. 突发事件下决策者的框架效应研究[D]. 杭州:浙江大学.
[44] 王丽霞. 2015. 家族企业所有权程度、国际化程度、研发投入和创新绩效[D]. 北京:北京邮电大学.
[45] 王旋子. 2013. 中国资源型海外投资的政治风险研究[D]. 杭州:浙江大学.
[46] 王亚琴. 2006. 中国家电企业国际市场进入模式研究[D]. 大连:大连海事大学.
[47] 王业静,曾德明. 2013. 组织二元性对高科技新创企业绩效的影响研究[J]. 管理学报,10(8):1170-1178.
[48] 王祝堂. 2015. 国际铁路联盟称:2024 年全球高铁里程为 2010 年的 3 倍[Z].
[49] 吴航. 2013. 企业国际化、动态能力与创新绩效关系研究[D]. 杭州:浙江大学.
[50] 吴先明. 2011. 制度环境与我国企业海外投资进入模式[J]. 经济管理,33(4):68-79.
[51] 吴晓波,周浩军. 2011. 国际化战略、多元化战略与企业绩效[J]. 科学学研究,

29(9):1331-1341.

[52] 肖慧敏,刘辉煌.2012.地理距离、企业异质性与中国对外直接投资——基于“新”新经济地理视角[J].经济管理,(10):77-85.

[53] 肖卓立.2012.后危机时期我国对非洲直接投资面临的风险及应对措施研究[D].北京:外交学院.

[54] 谢孟军.2014.目的国制度对中国出口和对外投资区位选择影响研究[D].济南:山东大学.

[55] 薛有志,周杰.2007.产品多元化、国际化与公司绩效——来自中国制造业上市公司的经验证据[J].南开管理评论,10(3):77-86.

[56] 闫春.2014.组织二元性对开放式创新绩效的作用机理[J].科学学与科学技术管理,35(7):59-68.

[57] 严皓,廖国强,叶文明.2014.贸易中的文化因素对中国白酒出口的影响——基于国家文化距离的五个维度[J].酿酒科技,(3):101-105.

[58] 杨丽丽,赵进.2009.国际化程度与企业绩效关系实证研究综述[J].外国经济与管理,31(4):15-21.

[59] 杨玉娟.2011.基于制度基础观的战略理论综述[J].河北大学成人教育学院学报,(2):110-112.

[60] 杨振华,曹光四.2015.中国高铁项目整体出口现状及发展对策[J].商业经济研究,(34):133-134.

[61] 杨正泽.2015.高速铁路的国民经济属性及投资效益研究[D].北京:北京交通大学.

[62] 佚名.2009.“高铁时代”拉升产业链[J].资本市场,(12):38-40.

[63] 余承萱.2010.中国建筑企业国际市场进入模式研究[D].武汉:武汉理工大学.

[64] 张钢,陈佳乐.2014.公司治理,组织二元性与企业长短期绩效——基于中美两国上市公司面板数据的实证研究[J].浙江大学学报,(3):71-87.

[65] 张吉鹏,衣长军.2014.东道国技术禀赋与中国企业OFDI区位选择——文化距离的调节作用[J].工业技术经济,(4):90-97.

[66] 张璐晶.2011.高铁成长记[J].中国经济周刊,(Z1):26-35.

[67] 张敏,武齐.2010.发展中国家企业品牌国际化路径分析——来自韩国的启示[J].国际贸易问题,(10):52-56.

[68] 张葳竹.2010.营建业国际化速度与规律性之策略影响因子[D].台北:台湾大学.

[69] 张文敏. 2013. 中国建筑企业海外市场开拓决策研究[D]. 西安：西安建筑科技大学.
[70] 张晓通，陈佳怡. 2014. 中国高铁“走出去”：成绩、问题与对策[J]. 国际经济合作，(11)：26-29.
[71] 张旭海. 2007. 中国石油企业国际市场进入模式研究[D]. 北京：对外经济贸易大学.
[72] 张宇. 2015. 解读 2015 年度 ENR 国际承包商 250 强[J]. 工程管理学报，29(5)：140-146.
[73] 张玉利，李乾文. 2006. 双元组织研究评介[J]. 外国经济与管理，(1)：1-8.
[74] 赵杨. 2015. “走出去”是中国高速铁路可持续发展的重要途径[J]. 四川职业技术学院学报，25(3)：1-5.
[75] 赵晔涵. 2014. 中国企业品牌国际化路径分析[D]. 长春：吉林大学.
[76] 周菲，夏亚民. 2011. 中国高铁产业的国际化起步及其影响[J]. 对外经贸实务，(7)：21-24.
[77] 周啸东. 2015. 土耳其安伊高铁——第一个中国高铁工程技术“走出去”项目[J]. 国际工程与劳务，(9)：50-52.
[78] 朱雪尘，梁海松. 2009. 中国大公司的国际化再造[J]. 英才，(12)：32-39.
[79] Agarwal S, Ramaswami S N. 1992. Choice of foreign market entry mode: impact of ownership, location and internalization factors[J]. Journal of International Business Studies, 23(1): 1-27.
[80] Alexander N, Rhodes M, Myers H. 2011. A gravitational model of international retail market selection[J]. International Marketing Review, 28(2): 183-200.
[81] Andersen O. 1997. Internationalization and market entry mode: a review of theories and conceptual frameworks[J]. Management International Review, 37(2):27-42.
[82] Annavarjula M, Beldona S. 2000. Multinationality-performance relationship: a review and reconceptualization[J]. International Journal of Organizational Analysis, Bowling Green, 8(1):48-68.
[83] Arora A, Fosfuri A. 2000. Wholly owned subsidiary versus technology licensing in the worldwide chemical industry[J]. Journal of International Business Studies, 31(4): 555-572.
[84] Auh S, Menguc B. 2005. Balancing exploration and exploitation: the moder-

ating role of competitive intensity[J]. Journal of Business Research, (58): 1652-1661.

[85] Aulakh P S, Kotabe M. 1997. Antecedents and performance implications of channel integration in foreign markets [J]. Journal of International Business Studies, 28(1): 145-175.

[86] Badger W W, Mulligan D E. 1995. Rationale and benefits associated with international alliances[J]. Journal of Construction Engineering and Management, 121(1): 100-111.

[87] Barney J. 1991. Firm resources and sustained competitive advantage[J]. Advances in Strategic Management, 17(1): 3-10.

[88] Baysinger B D, Kosnik R D, Turk T A. 1991. Effects of board and ownership structure on corporate R&D strategy[J]. Academy of Management Journal, 34(1):205-214.

[89] Beckman C M. 2006. The influence of founding team company affiliations on firm behavior[J]. Academy of Management Journal, (49):741-758.

[90] Brewer P. 2007. Psychic distance and Australian export market selection[J]. Australian Journal of Management, 32(1): 73-94.

[91] Brouthers K D, Brouthers L E. 2001. Explaining the national cultural distance paradox [J]. Journal of International Business Studies, 32 (1): 177-189.

[92] Burgelman R A. 2002. Strategy as vector and the inertia of coevolutionary lock-in[J]. Administrative Science Quarterly, (47):325-357.

[93] Cao Q, Gedajlovic E, Zhang H. 2009. Unpacking organizational ambidexterity: dimensions, contingencies, and synergistic effects[J]. Organization Science,20(4):781-796.

[94] Carlson S. 1974. International transmission of information and the business firm[J]. The Annals of the American Academy of Political and Social Science, 1(412): 55-63.

[95] Cavusgil S T, Knight G. 2014. The born global firm: an entrepreneurial and capabilities perspective on early and rapid internationalization[J]. Journal of International Studies, (46):3-16

[96] Charles A, O'Reilly C A, Tushman M L. 2013. Organizational ambidexterity: past, present, and future[J]. Academy of Management, 27(4):

324-338.

[97] Chen C, Messner J I. 2009. Entry mode taxonomy for international construction markets[J]. Journal of Management in Engineering, 25(1): 3-11.

[98] Chen C, Messner J I. 2011. Permanent versus mobile entry decisions in international construction markets: influence of home country-and firm-related factors[J]. Journal of Management in Engineering, 27(1): 2-12.

[99] Chen C. 2005. Entry strategies for international construction markets[D]. Pennsylvania: The Pennsylvania State University.

[100] Chetty S, Johanson M, Mart'n O. 2014. Speed of internationalization: conceptualization, measurement and validation[J]. Journal of World Business, (49): 633-650.

[101] Chia-Wen H, Yung-Chih L, Homin C. 2013. International ambidexterity and firm performance in small emerging economies[J]. Journal of World Business, (48):58-67.

[102] Cohen W M, Levinthal D A. 1990. Absorptive capacity: a new perspective on learning and innovation[J]. Administrative Science Quarterly, 35(1): 128-152.

[103] Czinkota M R, Rivoli P, Ronkainen A R. 1992. International Business [M]. Dryden: Fort Worth,TX.

[104] Delios A, Beamish P W. 1999. Geographic scope product diversification and the corporate performance of Japanese firm[J]. Strategic Management Journal, 20(8):711-727.

[105] Dow D, Jorma L. 2009. Challenging the conceptualization and measurement of distance and international experience in entry mode choice research[J]. Journal of International Marketing, 17(2): 74-98.

[106] Duncan R B. 1976. The ambidextrous organization: designing dual structures for innovation[M]//Lilmman R H, Pomdy L R, Slevin D. The Management of Organization. New York: North-Holland:167-188.

[107] Dunning J H. 1998. Location and multinational enterprise: a neglected factor[J]. Journal of International Business Studies, 29(1):45-66.

[108] Ebben J J, Johnson A C. 2005. Efficiency, flexibility, or both? Evidence linking strategy to performance in small firms[J]. Strategic Management Journal, (13):1249-1259.

[109] Eckert S, Dittfeld M, Muche T, et al. 2010. Does multinationality lead to value enhancement? An empirical examination of publicly listed corporations from Germany[J]. International Business Review, 19(6): 562-574.

[110] Ellis P D. 2007. Paths to foreign markets: does distance to market affect firm internationalisation? [J]. International Business Review, 16 (5): 573-593.

[111] Errunza V R, Senbet L W. 1984. Internation corporate diversification, market valuation and size-adjusted edidence[J]. The Journal of Finance, 39(3):727-743.

[112] Figueira-de-Lemos F, Hadjikhani A. 2014. Internationalization processes in stable and unstable market conditions: towards a model of commitment decisions in dynamic environments[J]. Journal of World Business, (49): 332-349.

[113] Fisch J H, Zschoche M. 2011. Do firms benefit from multinationality through production shifting? [J]. Journal of International Management, 17 (2):143-149.

[114] Francisco P, Miguel G, Pervez N. 2014. Internationalisation for survival: the case of new ventures[J]. Management International Review, (54): 653-673.

[115] Gatignon H, Anderson E. 1988. The multinational corporation's degree of control over foreign subsidiaries: an empirical test of a transaction cost explanation[J]. Journal of Law, Economics, & Organization, 4 (2): 305-336.

[116] Gaur A S, Kumar V. 2009. International diversification, business group affiliation and firm performance: empirical evidence from India[J]. British Journal of Management, 20(2):172-186.

[117] Ghemawat P. 2001. Distance still matters[J]. Harvard Business Review, 79(8): 137-147.

[118] Giulio M D, Moro F N. 2016. The Internationalization of network industries: a comparative policy analysis of Italian railways and utilities[J]. Journal of Comparative Policy Analysis: Research and Practice, 18(1): 21-37.

[119] Grant R M, Jammine A P, Thomas H. 1988. Diversity diversification and profitability among British manufacturing enterprises 1972—1984 [J].

Academy of Management Journal, 31(4):771-801.

[120] Gripsrud G, Benito G R G. 2005. Internationalization in retailing: modeling the pattern of foreign market entry[J]. Journal of Business Research, 58(12): 1672-1680.

[121] Gupta A K, Smith K G, Shalley C E. 2006. The interplay between exploration and exploitation[J]. Academy of Management Journal, (49):693-708.

[122] Güss C D, Robinson B. 2014. Predicted causality in decision making: the role of culture[J]. Frontiers in Psychology, 5: 1-4.

[123] Habib M, Zurawicki L. 2002. Corruption and foreign direct investment [J]. Journal of International Business Studies, 33(2): 291-307.

[124] Henisz W J, Delios A. 2001. Uncertainty, imitation, and plant location: Japanese multinational corporations 1990—1996[J]. Administrative Science Quarterly, 46(3): 443-475.

[125] Henisz W J. 2003. The power of the Buckley and Casson thesis: the ability to manage institutional idiosyncrasies[J]. Journal of International Business Studies, 34(2): 173-184.

[126] Hill C W L, Hwang P, Kim W C. 1990. An eclectic theory of the choice of international entry mode [J]. Strategic Management Journal, 11 (2): 117-128.

[127] Hill S A, Brikinshaw J. 2014. Ambidexterity and survival in corporate venture units[J]. Journal of Management, 40(7):1899-1931.

[128] Hitt M A, Hoskisson R E, Kim H. 1997. International diversification, effects on innovation and firm performance in product-diversified firms[J]. Academy of Managrmrnt Journal, 40(4):767-798.

[129] Hofstede G H. 2001. Culture's consequences: comparing values, behaviors, institutions and drganizations across nations[M]. 2nd ed. Thousand Oaks: Sage.

[130] Hofstede. 2015. Countries-Geert Hofstede[Z].

[131] Hsu C, Pereira A. 2008. Internationalization and performance: the moderating effects of organizational learning[J]. The International Journal of Man Agement Science, 36(2):188-205.

[132] Hunt S D, Morgan R M. 1995. The comparative advantage theory of competition[J]. The Journal of Marketing, 59(2): 1-15.

[133] Ji J, Dimitratos P, Huang Q. 2016. Problem-solving dissension and international entry mode performance[J]. International Marketing Review, 33(2): 219-245.

[134] Ji L, Yap S. 2016. Culture and cognition[J]. Current Opinion in Psychology, 8: 105-111.

[135] Kim W C, Hwang P. 1992. Global strategy and multinationals' entry mode choice[J]. Journal of International Business Studies, 23(1): 29-53.

[136] Kirca A H, Hult G T M, Deligonul S, et al. 2012. A multilevel examination of the drivers of firm multinationality: a meta-analysis[J]. Journal of Management, 38(2):502-530.

[137] Koch A J. 2001. Selecting overseas markets and entry modes: two decision processes or one? [J]. Marketing Intelligence & Planning, 19(1): 65-75.

[138] Kogut B, Singh H. 1988. The effect of national culture on the choice of entry mode [J]. Journal of International Business Studies, 19(3): 411-432.

[139] Kogut B. 1985. Designing global strategies: comparative and competitive value-added chains[J]. Sloan Management Review, 26(4):15-28.

[140] Kostova T, Zaheer S. 1999. Organizational legitimacy under conditions of complexity: the case of the multinational enterprise[J]. Academy of Management Review, 24(1): 64-81.

[141] Kostova T. 1999. Transnational transfer of strategic organizational practices: a contextual perspective[J]. Academy of Management Review, 24(2): 308-324.

[142] Kumar V, Stam A, Joachimsthaler E A. 1994. An interactive multicriteria approach to identifying potential foreign markets[J]. Journal of International Marketing, 2(1): 29-52.

[143] Lee G, DeLone W H, Espinosa J A. 2007. Ambidexterity and global IS project success: a theoretical model[A]. The 40th Hawaii International Conference on System Sciences.

[144] Levinthal D A, March J G. 1993. The myopia of learning[J]. Strategic Management Journal, (14):95-112.

[145] Li J T, Yue D R. 2008. Market size, legal institutions, and international diversification strategies: implications for the performance of multinational firms[J]. Management International Review, 48(6):667-688.

[146] Lin H. 2000. Choice of market entry mode in emerging markets: influences on entry strategy in China[J]. Journal of Global Marketing, 14(1-2): 83-109.

[147] Lin Y H. 2009. Model for organizational governance structure choices in construction joint venture [D]: [Doctoral Dissertation]. Taipei: Taiwan University.

[148] Lubatkin M H, Simsek Z, Ling Y. 2006. Ambidexterity and performance in small-to medium-sized firms: the pivotal role of TMT behavioral integration[J]. Journal of Management, (32):1-17.

[149] Madhok A. 1998. The nature of multinational firm boundaries: transaction costs, firm capabilities and foreign market entry mode[J]. International Business Review, 7(3): 259-290.

[150] March J G. 1991. Exploration and exploitation in organizational learning [J]. Organization Science, (2):71-87.

[151] Mihalache O R, Jansen J J P. 2014. Top management team shared leadership and organizational ambidexterity: a moderated mediation framework [J]. Strategic Entrepreneurship Journal, 8(2):128-148.

[152] Minifie J R, West V. 1998. A small business international market selection model[J]. International Journal of Production Economics, 56(1): 451-462.

[153] Nielsen B B, Gudergan S. 2012. Exploration and exploitation fit and performance in international [J]. International Business Review, (21): 558-574.

[154] North D C. 1990. Institutions, institutional change, and economic performance [M]. Cambridge,MA: Harvard University Press.

[155] Ozturk A, Joiner E, Cavusgil S T. 2015. Delineating foreign market potential: a tool for international market selection[J]. Thunderbird International Business Review, 57(2): 119-141.

[156] O'Brien. 2007. A caution regarding rules of thumb for variance inflation factors[J]. Quality & Quantity, 41(5): 673-690.

[157] Pan Y, Tse D K. 2000. The hierarchical model of market entry modes[J]. Journal of International Business Studies, 31(4): 535-554.

[158] Paul J, Mas E. 2016. The emergence of China and India in the global market[J]. Journal of East-West Business, 22(1): 28-50.

[159] Peng M W, Sun S L, Pinkham B, et al. 2009. The institution-based view as a third leg for a strategy Tripod[J]. Academy of Management Perspectives, 23(3): 63-81.

[160] Phatak A V. 1992. International Dimensions of Management[M]. Boston: Pws-Kent Publishing Company.

[161] Porter M E. 1980. Competitive strategy[M]. New Jersey: Free Press.

[162] Punnett B J, Ricks D A. 1992. International business[M]. Boston: Pws-Kent.

[163] Rahman S H. 2003. Modelling of international market selection process: a qualitative study of successful Australian international businesses[J]. Qualitative Market Research: An International Journal, 6(2): 119-132.

[164] Raisch S, Birkinshaw J, Zimmermann A. 2015. How is ambidexterity initiated? The emergent charter definition process[J]. Organization Science, 26(2):1-21.

[165] Ravelomanana F, Yan L, Mahazomanana C, et al. 2015. The external and internal factors that influence the choice of foreign entry modes at Wuhan iron and steel corporation[J]. Open Journal of Business and Management, 3(1): 20-29.

[166] Reeb D M, Kowk C Y, Young B H. 1998. Systematic risk of the multinational corporation[J]. Journal of International Business Studies, 29(2): 263-279.

[167] Reed R, Defillippi R J. 1990. Causal ambiguity, barriers to imitation, and sustainable competitive advantage[J]. Academy of Management Review, 15(1): 88-102.

[168] Root F R. 1998. Entry strategies for international markets[M]. San Francisco, CA: Jossey-Bass.

[169] Sabi M. 1988. An application of the theory of foreign direct investment to multinational banking in LDCs[J]. Journal of International Business Studies, 19(3): 433-447.

[170] Sakarya S, Eckman M, Hyllegard K H. 2007. Market selection for international expansion[J]. International Marketing Review, 24(2): 208-238.

[171] Scott W R. 1995. Institutions and organizations[M]. Thousand Oaks, CA: Sage.

[172] Shapiro A C. 1978. Financial structure and the cost of capital in the multinational corporation[J]. Journal of International Business Studies, 13(2): 325-342.

[173] Sharma V M, Erramilli M K. 2004. Resource-based explanation of entry mode choice[J]. Journal of Marketing Theory and Practice, 12(1): 1-18.

[174] Song S. 2014. Entry mode irreversibility, host market uncertainty, and foreign subsidiary exits[J]. Asia Pacific Journal of Management, 31(2): 455-471.

[175] Srivastava R K, Shervani T A, Fahey L. 1998. Market-based assets and shareholder value: a framework for analysis[J]. The Journal of Marketing, 62(1): 2-18.

[176] Stettner U, Lavie D. 2014. Ambidexterity under scrutiny: exploration and exploitation via internal organization, alliances, and acquisitions[J]. Strategic Management Journal, 35(13):1903-1929.

[177] Tallman S, Fladmoe-Lindquist K. 2002. Internationalization, globalization, and capability-based strategy[J]. California Management Review, 45: 116-135.

[178] Tse D K, Pan Y, Au K Y. 1997. How MNCs choose entry modes and form alliances: the China experience[J]. Journal of International Business Studies, 28(4): 779-805.

[179] Tushman M L, O'Reilly C A. 1996. Ambidextrous organizations: managing evolutionary and revolutionary change [J]. California Management Review,(38):8-30.

[180] Vermeulen F, Barkema H. 2002. Pace, rhythm, and scope: process dependence in building a profitable multinational corporation[J]. Strategic Management Journal, 23(7):637-653.

[181] Weber E U, Morris M W. 2010. Culture and judgment and decision making the constructivist turn[J]. Perspectives on Psychological Science, 5(4): 410-419.

[182] Wilkinson P, Kelvin R, Roberts C, et al. 2011. Clinical and psychosocial predictors of suicide attempts and nonsuicidal self-injury in the Adolescent Depression Antidepressants and Psychotherapy Trial(ADAPT)[J]. American Journal of Psychiatry, 168(5):495.

[183] Wooldridge J M. 2003. Introductory econometrics: a modern approach [M]. 2nd ed. South-Western:Mason.

[184] Xu D, Pan Y, Beamish P W. 2004. The effect of regulative and normative distances on MNE ownership and expatriate strategies[J]. MIR: Management International Review, 44(3): 285-307.

[185] Xu D, Shenkar O. 2002. Institutional distance and the multinational enterprise [J]. The Academy of Management Review, 27(4): 608-618.

[186] Yang Y, Wu S. 2015. An exploratory study to understand the internationalization strategies of social enterprises[J]. Journal of Social Entrepreneurship, 6(1): 31-41.

[187] Yang Z, Peterson R T. 2004. Customer perceived value, satisfaction, and loyalty: the role of switching costs[J]. Psychology and Marketing, 21(10): 799-822.

[188] Zahra S A, Ireland R D, Hitt M A. 2000. International expansion by new venture firms, international diversity, mode of market entry, technological learning and performance[J]. Academy of Management Journal, 43(5): 925-950.

[189] Zhang Y, Luo W, Toppinen A. 2015. Determinants of equity-based entry mode choice in the forest sector: the case of China[J]. Scandinavian Journal of Forest Research, 30(1): 3-12.

[190] Zukin S, Dimaggio P. 1990. Structures of capital: the social organization of the economy[M]. UK: Cambridge University Press, 1990.